CDA 数据分析师系列丛书

让大数据创造大价值

赢面

运用大数据和人工智能技术辅助投资决策

谢冶博◎主编

ODDS OF WINNING

Make Investment Decision based on Big Data and AI

中国经济出版社
CHINA ECONOMIC PUBLISHING HOUSE
·北京·

图书在版编目（CIP）数据

赢面：运用大数据和人工智能技术辅助投资决策/谢冶博主编.
—北京：中国经济出版社，2019.9（2024.6 重印）
ISBN 978-7-5136-5765-5

Ⅰ.①赢… Ⅱ.①谢… Ⅲ.①数据处理—应用—投资决策
②人工智能—应用—投资决策 Ⅳ.①F830.59-39

中国版本图书馆 CIP 数据核字（2019）第 144978 号

责任编辑 孙晓霞
责任印制 马小宾
封面设计 任燕飞设计工作室

出版发行 中国经济出版社
印 刷 者 三河市金兆印刷装订有限公司
经 销 者 各地新华书店
开　　本 710mm×1000mm 1/16
印　　张 17
字　　数 180 千字
版　　次 2019 年 9 月第 1 版
印　　次 2024 年 6 月第 2 次
定　　价 69.80 元
广告经营许可证 京西工商广字第 8179 号

中国经济出版社 网址 http://epc.sinopec.com/epc/ 社址 北京市东城区安定门外大街 58 号 邮编 100011
本版图书如存在印装质量问题，请与本社销售中心联系调换（联系电话：010-57512564）

序一

投资总是有风险的，风险与收益往往呈现正相关关系，所处行业、投资主体、投资方式的不同，面临的风险因素不同，获取收益往往也差异很大。在现代经济“理性人”假设背景下，每个经济活动主体都是以利益最大化为目标参与经济活动的。因此，如何实现收益最大化，是投资者始终最关心的问题。然而，投资收益受很多因素的影响，宏观因素如宏观经济走势、行业景气程度、产业政策等；微观因素如投资标的核心竞争力水平、团队战斗力、创始人领导力，投资者自身风险偏好、风险处理水平、获取信息能力及信息加工能力等。

投资收益能否实现最大化，最终取决于投资者对影响投资的各类因素进行理性分析的基础上，在诸多不确定性中寻找到尽可能提高确定性的方法。而运用方法进行分析的前提是获取信息，包括数据信息和非数据信息。非数据信息往往带有更多的主观性，例如对投资标的合法合规运营情况，对企业家素质、团队管理水平的判断等，此类分析往往更依赖于投资者个人的理念、经验等主观因素；数据信息具有客观性，例如宏观经济运营数据、企业生产经营数据、市场分析数据等，此类分析更依靠获取数据和对数据进行加工的能力。显然，在主观因素一定的前提下，谁拥有更多的基础数据，谁拥有更强的数据整理和分析能力，谁就能获得更多的有效信息，从而提高决策效率和决策水平，获得比较优势。

信息社会，越来越多的信息都以数据形式表现出来，数据变得越来越重要。某些种类的海量数据很可能是完全杂乱无章地呈现给人们的，由于人脑自身理解和加工大量数据的能力有限，很难从中抽象出具有规律性的因素，数据的价值也因此无法完全体现出来。大数据与人工智能技术成为人们进行数据收集、整理、分析、利用的强大工具，在投资领域，分析行业发展趋势、进行同行业比较、预判企业发展前景等，都能够运用到这些技术，而且基础数据越多、样本越多，对投资标的价值挖掘也会越充分，从而越有可能辅助投资者做出正确决策。

谢冶博先生主编的《赢面：运用大数据和人工智能技术辅助投资决策》，可谓这方面的应时之作。该书主要介绍了在考量投资相关的各类因素基础上，如何有效融入大数据与人工智能技术，进一步丰富投资者的投资工具，强化投资者获取有效数据的能力，最终实现提高投资者决策效率和准确率的目的。该书为投资者进行投资分析呈现了一个新的视角，为投资决策理论的发展打开了一扇新的窗户，具有较强的理论意义和现实意义，是一部值得投资相关领域专业人士或有志于在投资领域不断发展的学习爱好者认真细读的优秀作品。

杨再平
中国金融学会副秘书长、亚洲金融合作协会原秘书长、
中国银行业协会原专职副会长

序二

近年来，我国金融业利用互联网、大数据、云计算、人工智能等各种技术，提升服务能力、提高运营效率、优化客户体验，使行业服务经济社会发展的能力不断增强。投资作为国民经济发展最重要的领域之一，如何利用大数据、人工智能等前沿技术辅助投资决策，是近年投资界都在广泛探讨的话题。

1997 年 5 月，一台名为“深蓝”的计算机击败了国际象棋大师卡斯帕罗夫，主要体现了计算机强大的计算能力。2016 年 3 月，谷歌人工智能机器人阿尔法围棋（AlphaGo）以 4:1 的总比分战胜围棋世界冠军、韩国顶尖棋手李世石，从此声名大噪，后来又接连战胜中日韩数十位围棋高手。2017 年 5 月，阿尔法围棋战胜排名世界第一的世界围棋冠军柯洁。与“深蓝”计算机完全不同，AlphaGo 是基于深度学习技术研究开发的，这意味着，可以在计算机上模仿人脑的结构重建人脑，使计算机具备学习能力。在某些领域，人工智能已经有接近甚至超过人脑的表现。

人工智能在围棋领域超过人脑的表现让人们震撼。事实上，在中国，“人工智能 + ”也已经渗透到人们的日常工作和生活之中，“人工智能 + 智能制造”“人工智能 + 医疗”“人工智能 + 金融”等，作为一种有潜力改造人类社会面貌的泛在性技术，人工智能和各个细分领域的深度融合被广泛关注。越来越多的资源正在朝着这个方向倾斜，拟利用人工智能技术促进社会变革，进而造福人类社会。

投资，是一件并不容易的事情，从制度建设、项目储备到人才培养都是一个需要长时间沉淀和积累的过程。以股权投资为例，最先起源于美国，其中，1946 年成立的美国研究与发展公司，被认为是全球第一家以公司形式运作的创业投资基金。美国股权投资起步最早，在不断发展过程中，制度不断完善，目前已经成为全球股权投资领域最具活力的国家之一，其对新兴产业的投资往往起着引领世界行业发展潮流的作用。相比较，中国大陆股权投资的历史晚了整整 40 年。1985 年底，国家科委、财政部等共同成立了中国新技术创业投资公司，成为中国第一家以风险投资为主营业务的公司制企业，当时的创投以国有资本背景为主，外资背景的创投 90 年代初期开始进入中国。从 1985 年起，之后的 20 年中，中国本土股权投资随着互联网泡沫的产生与破灭，饱经磨难。一直到 2005 年以后，中国股权投资开始进入逐渐复兴并取得飞速发展时期，这种发展与一些重大法律法规政策的节点吻合。2007 年，新修订的《合伙企业法》正式实施，引进了有限合伙制度，使得国际股权投资基金普遍采用的有限合伙组织形式得以实现，极大地推动了股权投资行业的发展；2009 年，创业板正式推出，为股权投资开辟了又一个关键的退出途径；2013 年，新三板扩容至全国，股权投资企业获得直接走向资本市场的契机，掀起一股本土股权投资热；2018 年，中国拟推出科创板，试点注册制。可以预见，随着中国经济不断转型升级及资本市场监管水平日益提高，股权投资将迎来一个黄金发展期。

很多朋友问我提高投资能力有没有速成的“灵丹妙药”，有没有“一招鲜吃遍天”的绝招，我想说的是：没有，但如果能掌握捕捉投资本质、共性或规律的方法，在一定程度上，可以提高投资效率，少走一些弯路。如何利用大数据和人工智能技术发现企业价值及预测可能存在的潜在风险，是一个需要深入探讨和思考的问题。本书重点讲解了如何利用大数据和人工智能技术辅助投资决策，很好地将前沿科技与投资决策分析跨行业融合起来。

本书编委会成员不但有大数据、人工智能领域专家，也有投资界、投资银行领域资深人士，在繁忙的工作中，他们能够静下心来，将自己的理论知识、实务经验与思考凝聚于本书各个章节内容之中，难能可贵。这是一本融合多个学科知识于一体实用性很强的书籍。

内容由浅入深，通俗易懂，既有原理分析，也有案例解析；既有传统投资方法介绍，也有人工智能算法剖析。金融投资机构从业人员、大型企业集团财务及管理人员、创业企业的创始团队、中小企业高管等可以将本书作为投资管理、风控管理、战略投资的读本；本书亦可作为参考书目供高校相关专业的师生使用。

李勇

教育部青年长江学者、中国人民大学经济学院副院长、中国人民大学计量经济学和金融学教授、博士生导师

前言

2015 年 5 月和 9 月，我们先后举办了两次大数据应用成果展示研讨会。经过近三年的实践，在 2018 年 3 月召开的“利用大数据及人工智能技术辅助投资项目分析研讨会”上，我们提出将大数据和人工智能技术手段及思维方法运用到投资项目分析中来的观点，辅助投资者挖掘优质项目和识别项目风险。

近年来，金融行业风险频发。根据 Wind 数据库统计（2019 年 4 月 22 日查询实况），2018 年债券市场涉及违约金额达 1209. 61 亿元，涉及债券 125 只；2017 年这一数据为 337. 49 亿元，涉及债券 35 只。频发的金融风险促使我们不得不对现有金融投资体系中的分析及评估模式进行更加深入的思考。

本书侧重于大数据和人工智能技术在一级市场股权和债权投资中的应用，从多角度、多维度、多层次来探讨在投资决策过程中利用大数据和人工智能技术如何减少信息不对称问题，并为在投资决策过程中出现的其他问题提供全新的解决方案。本书介绍了大数据及人工智能技术在投资决策分析过程中各环节的应用，如产品竞争能力分析、公司管理层尽职调查、财务尽职调查、法律尽职调查及智能投研、企业画像等。不同于以往的智能投顾，本书涵盖范围广泛，是迄今为止第一本对“智能投研”概念做出全面翔实介绍的金融投资类工具书。

无论是对于个人投资者还是机构投资者，优质项目挖掘和项目风险识别都是其关注的永恒主题。本书的写作目的在于为投资者挖掘优质项目和识别项目风险拓展思路，充分利用大数据和人工智能技术辅助投资决策，实现将前沿科技与投资决策分析进行跨行业结合。

本书探讨了大数据、人工智能技术与金融投资决策分析相结合的问题，介绍了核心技术概念，讲解了技术模型在投资实践中的应用，阐述了进行投资分析时项目考察的具体维度，包括行业、企业基本面、财务、法律等，并辅以案例，介绍了投资决策分析实践中决策模型建立的方法。同时，本书引入了将大数据、人工智能技术与传统金融投资决策分析相结合的方法，解释了如何利用大数据及人工智能技术获取更全面数据的方法，以期提升分析精准度，减少重复劳动，提高工作效率。

本书提出通过大数据及人工智能技术搜集相关企业信息的方法，不断完善尽职调查细节，且利用各方面信息进行交叉验证，从而完成定性和定量分析，为投资决策提供参考依据。本书第一章介绍了大数据及人工智能技术在尽职调查及投资决策分析工作中的应用概况；第二章、第三章阐述了尽职调查中需重点关注的因素，如行业情况、公司基本面等信息；第四章提出了一套投资分析的方法论；第五章对当前投资领域的热点问题进行了系统分析。

由于来自时间与业绩上的压力，多数投资者不断忙于项目的开发及落地，缺乏提炼与总结的过程，很少有人能够形成一套投资方法论，更不用说在不断实践中持续优化方法论。持续优化的方法论是对过往知识和经验的总结、更新与迭代，必要且有价值。基于此理念，本书第四章提出一套较为完整的投资分析方法论。本书的适用范围包括一级市场股权和债权投资，同时，本书的相关观点、模型及实例也适合二级市场业务，如上市公司收并购过程中的标的选择环节等。

在实际应用中，需根据投资阶段（VC、PE、已上市）、投资市场领域（股权投资、债权投资）、金融市场功能（一级市场、二级市场）灵活运用。

投资决策涉及专业知识领域范围甚广，作者深知自身水平有限，由此导致的错误遗漏在所难免，还望读者批评指正。

目录

第一章　**大数据与人工智能在金融投资领域的现状与应用**

一、大数据与人工智能技术在金融领域中的发展现状/6

二、了解大数据及人工智能相关名词/12

三、大数据与人工智能技术在尽职调查工作中的应用/23

四、大数据和人工智能技术在投资决策分析工作中的应用/33

第二章　**了解公司所处行业的基本情况**

一、行业监管体系、主要法律法规及相关产业政策/57

二、行业上下游产业状况/58

三、公司所处行业市场规模及发展趋势/59

四、影响行业发展的主要因素/60

五、行业竞争态势及行业壁垒/62

六、公司在行业中的竞争状况/64

第三章　**公司分析**
一、企业基本情况/73
二、公司治理/89
三、技术分析/95
四、市场分析/97
五、盈利预测/97
六、估值方法/98
七、企业财务情况分析/101
八、有关法律情况分析/112

第四章　**投资决策分析**
一、投资类型划分/125
二、投资决策模型的考量因素/126

第五章　**热点分析**
一、投资前瞻/141
二、零售巨头西尔斯倒下的原因分析/151
三、财务造假案例分析/200
四、大数据及人工智能技术在风控中的应用/235

参考文献/244

第一章

大数据与人工智能在金融投资领域的现状与应用

关于大数据，麦肯锡全球研究所给出的定义是：一种规模大到在获取、存储、管理、分析方面大大超出了传统数据库软件工具能力范围的数据集合，具有 Volume（大量）、Velocity（高速）、Variety（多样）、Value（低价值密度）四大特征（详见第一章第二节 4V）。而 IBM 则提出了大数据的 5V 特点：Volume（大量）、Velocity（高速）、Variety（多样）、Value（低价值密度）、Veracity（真实性），在麦肯锡的基础上增加了真实性。2015 年 8 月，国务院印发了《促进大数据发展行动纲要》（国发〔2015〕50 号），指出大数据是以容量大、类型多、存取速度快、应用价值高为主要特征的数据集合，正快速发展为对数量巨大、来源分散、格式多样的数据进行采集、存储和关联分析，从中发现新知识、创造新价值、提升新能力的新一代信息技术和服务业态。

在过去的几十年里，一方面由于样本数量不足且数据的可获得性和可用性程度不高；另一方面计算机的算力也无法在短时间内分析处理大量数据，致使人工智能技术在应用层面一直处于停滞不前的状态。

在数据时代早期，大部分数据并没有被充分地分析和利用。虽然数据规模非常大，但是却很难利用这些数据直接创造价值，因此这种情况迫使人们开始尝试使用人工智能技术来分析利用数据，让数据产生实际价值。

随着现代科学技术的发展，文本、语音、图片、视频等各种信息资源全面深入人们生产生活的各个方面。每时每刻都有海量的信息被制造出来，不仅信息来源越来越广泛，而且信息量越来越大。互联网的数据量增长非常迅猛，在数据量指数增长的同时，相对应的数据处理能力和技术手段也在不断提高，今天的大数据很可能成为明天的小数据。随着数据源和数据量的飙升，海量、多维度、多形式的结构化数据和非结构化数据产生了。伴随着传感器及大数据技术的进步，数据采集和数据存储变得更加容易，为数据驱动价值打下了良好的基础。同时，随着计算机软硬件技术的发展，如光纤网络传输、分布式计算、高性能处理器尤其是 GPU 等技术的进步，数据的传输和处理能力得到了飞速发展。同时，伴随着数据挖掘和机器学习方法的日渐成熟，大数据和人工智能技术的融合发展也就水到渠成。人工智能尤其是机器学习需要通过对大量数据进行分析、学习和训练才能逐步实现，可以说大数据是人工智能的基石。近年来，大数据技术的快速发展加速了人工智能在应用层面的突破，也进一步促使其理论研究取得突飞猛进的发展。

在本书中，我们重点关注数据涉及范围的全面性、多维度性。单方面强调“数据量要足够大才能产生价值”的观点是片面的，即使面对数据量小的局面，全面和相关联的数据也能挖掘出有价值的信息。

2010 年以来，互联网和计算机技术的发展带动了大数据和人工智能行业的爆发式增长。如今，大数据不仅具有商业价值，也是推动其他行业发展的内生力量，已上升为支撑一个国家有效运行的战略资源，成为推动经济增长的动力。大数据和人工智能技术在众多细分领域具有广泛的应用，如用户画像、智能驾驶等。大数据和人工智能技术的发展为各行业的发展提供了新的动力。2015 年，国务院发布《促进大数据发展行动纲要》（国发〔2015〕50 号），明确指出数据已成为国家基本战略资源，“十三五”规划纲要也针对国家大数据战略实施进行了专门讨论。

随着大数据和人工智能技术的发展，众多创业公司开始将大数据、人工智能技术和一些细分行业相结合，拓展交叉领域业务。与其他行业相比，金融业具有数据量丰富及易于流程化、标准化处理的特点，因此更适合利用大数据和人工智能技术来辅助或代替工作人员更快、更好地完成某些任务或做出某些决策。这不仅可以提高效率、节省人力投入，而且可以规避工作人员在工作中的主观性弊病，很大程度上能减少运营成本，提高运营效率。

目前，智能金融的众多创业方向中，大众所熟知的多为智能投顾。因为智能投顾所需数据较容易获取且样本量大，数据存在形式也较为统一，相比之下建立模型较为容易，相对应用也较为广泛。本书所介绍的大数据和人工智能技术在金融领域的应用，包括但不限于智能投顾，还包括大数据和人工智能技术在股权和债权投资中的应用，从多角度、多维度、多层次来探讨在股权和债权投资中利用大数据和人工智能技术如何减弱信息不对称问题，并提供全新的解决方案。

一、大数据与人工智能技术在金融领域中的发展现状

在对行业或企业进行研究时，研究人员通常需要搜集和阅读大量的资料，才能从中提炼出有效信息。在对不同对象进行研究时需重复进行这项工作，会耗费研究人员大量的时间和精力。而机器恰恰擅长做重复的事情，通过利用计算机代替人工，不但可以高效地完成上述过程，而且得到的结果精度更高。例如，从多份公司年报中抽取所需的财务数据，可以利用计算机搭建的搜索引擎迅速定位需要的数据，并对数据进行整理，从而大幅提高工作效率。

总之，利用大数据和人工智能技术辅助投资决策主要有三个优势：其一，在数据获取方面，可以扩大数据搜寻范围，提升获取效率；其二，在信息提取方面，可以提高速度和准确率；其三，利用大数据和人工智能技术，可以对数据来源及数据之间的关联性进行深度动态分析，在一定程度上解决数据的可靠性问题，或超越人眼的辨识度，短时间内发现企业的异动。

（一）国际状况

牛津大学教授、《大数据时代》作者维克托·迈尔·舍恩伯格于2010年在《经济学人》发表的大数据专题文章中指出，技术革新所带

来的信息风暴影响着人们的思维、生活和工作方式，将引发商业模式和管理模式的变革，它将开启一次重大的时代转型。大数据和人工智能技术的核心价值体现在可以针对不同的应用领域和场景，相应地构造数据采集、分析建模、效果评估和反馈迭代的闭环全链路，从而能够实现系统的升级和螺旋式优化。借助大数据与人工智能技术相结合的方式来辅助投资，经营管理决策可以自下而上地由大数据和人工智能系统来驱动，从而形成管理决策的闭环，大大减少重复劳动，增强了投资决策过程中对项目考量的全面性和客观性，人力成本也随之大幅下降。

随着大数据和人工智能技术应用的逐渐推广，交易员、证券分析师等角色将受到巨大的冲击，越来越多的岗位将会被人工智能取代。2013 年，牛津大学研究人工智能方面问题的专家 Michael Osborne 和 Carl Frey 发表了一篇题为《未来职业：工作有多容易被机器取代?》的论文。根据他们的研究结果，英国广播公司（BBC）列出了一份未来可能消失的岗位名单，涵盖社会数十个领域的上千份工作。通过计算机技术来辅助投资将是未来的大趋势，越来越多的金融巨头正在研发如何用大数据和人工智能来征服投资市场。

以美国为代表的发达国家已经形成了利用大数据和人工智能科技，制定从发展战略、政策法律到行动计划等方面的完整布局。2018 年，全美最大银行之一的花旗银行宣布，计划 5 年内将人工智能算法投入使用，代替其投资银行部的员工，预计由此裁员 50%。

除美国之外，英国政府于 2012 年建立了全球首个“开放数据研究所”，开放了关于医疗健康、交通运输和财政等公共数据库。

近年来，日本加大了大数据在服务业、建筑业、金融业和制造业等应用领域的投入。《光明日报》（2018 年 05 月 29 日 12 版）在题为《大数据时代：日本在做什么》的文章中指出，据日本矢野经济研究所调查统计，2011 年日本在大数据收集、存储、分析和应用等相关领域的市场规模高达约 1900 亿日元，2015 年达到了 4200 亿日元，预计到 2020 年将超过 1 兆日元。

2017 年，时任德意志银行（德国最大的银行，以下简称“德银”）CEO 的约翰 · 克里恩（John Cryan）表示，人工智能取代人工的浪潮已经到来，德银 50% 的工作可以由人工智能技术来完成。在约翰 · 克里恩任职期间，由于德银采用了人工智能技术，因工作内容被算法取代而被裁掉的员工多达 4000 余名，而时间周期仅仅是 2 年半。

2016 年 3 月，德勤会计师事务所（Deloitte Touche Tohmatsu）宣布与利用人工智能来实现财务审计自动化的创业公司 Smacc 合作，利用人工智能技术辅助企业员工阅读合同等文件，将人工智能技术引入会计、税务、审计等工作中，提升员工在普通核算型工作中的效率。当然，涉及复杂战略的分析和判断，目前仍主要依靠专业人才的脑力劳动。

计算机程序在研究开发之后，可以做到每天 24 小时不间断地处理数据。成本主要来自机器损耗、耗电以及算法改进的费用，远低于人工成本，而工作效率和产出远高于人工。由此可知，智能化程度高低将会对一家企业甚至一个国家的未来产生非常深远的影响。智能化程度低的企业可能在行业转型中被淘汰，智能化程度低的国家将会被智能化程度高的国家远远抛在后面。对发达国家来说，劳动力人口持续减少、人工成本不断上升，人工智能的发展反而能更好地解决劳动力短缺的问题。但也并非所有人都觉得人工智能将能够大量代替人工，如汇丰银行的主管萨米尔·阿萨夫（Samir Assaf）认为，从2018年起的未来5年内，从风险管理等角度考虑，大数据和人工智能技术在很大程度上还不能代替人工，未来5年能用AI算法代替人工的比例可能只能达到5%～10%。

（二）国内状况

随着大数据和人工智能技术的发展，很多企业选择借助信息技术实现转型升级。近5年来，我国政府陆续在国家重大会议及出台的各项重大政策中提出，将大数据和人工智能等信息技术提升至国家发展战略高度。2015年8月，国务院以国发〔2015〕50号文件印发了《促进大数据发展行动纲要》（以下简称《纲要》）。该《纲要》包括发展形势和重要意义、指导思想和总体目标、主要任务、政策机制四大部分。2016年，国务院印发了《“十三五”国家战略性新兴产业发展规划》（以下简称《规划》），《规划》中提到发展人工智能，培育人工智能产业生态，推动人工智能技术向各行业融合渗透。2017年10月，在中国共产党第十九次全国代表大会上，习近平总书记强调，贯彻新发展理念，建设现代化经济体系，提出“推动互联网、大数据、人工智能和实体经济深度融合”“网络强国”，大数据和人工智能被写入党的十九大报告中。

近年来，中国的大数据和人工智能产业一直在深入发展中：一方面，大数据和人工智能行业自身已初具规模。贵阳大数据交易所发布的《2016年中国大数据交易产业白皮书》预测，随着各项政策的配套落实及推进，到2020年，中国大数据产业规模或达13626亿元。2017年，国务院在《新一代人工智能发展规划》中提出，到2020年中国人工智能总体技术和应用与世界先进水平同步，人工智能产业成为新的重要经济增长点，人工智能核心产业规模超过1500亿元。目前，北京、贵州等省、市先后建立了大数据交易平台，为创业者和行业创新提供了诸多机遇。另一方面，新一代大数据和人工智能模型方法等理论、基础软件等技术以及存储、运算等核心器件的发展也为其他行业革新带来了巨大的内生力量，孕育了许多新兴的商业模式。国务院在《新一代人工智能发展规划》中提出，到2020年人工智能技术应用成为改善民生的新途径，有力支撑我国进入创新型国家行列和实现全面建成小康社会的奋斗目标，实现带动相关产业规模超过1万亿元。

大数据、人工智能技术与一些行业的深度融合成为资本追逐的焦点。这些行业具有用户客群差异大、环境复杂和流程多样的特性，如何利用大数据优化行业商业模式，解决行业面临的“瓶颈”问题将成为我国大数据和人工智能行业发展下一步将要面临的挑战。2018年9月，世界人工智能大会在上海成功举行。虽然各国在人工智能的实现程度及速度方面态度不一，但人工智能时代已经到来这一点已成为业内共识，人工智能的发展势不可当。目前，国内BAT三巨头都在积极布局人工智能产业链，如百度的深度学习研究院、阿里巴巴的全球达摩院、腾讯的人工智能实验室等。可以说，我国目前已经是人工智能大国，影响力正在稳步提升。

现阶段，诸多企业由于成本问题，并未建立本企业的大数据系统。部分企业为保证自身的竞争力，不愿共享自身所掌握的有价值的数据资源。此外，人工智能技术的发展对现有岗位所造成的冲击，也引起了社会的广泛关注。因此，大数据和人工智能相关行业的发展，依旧面临着很多挑战。

第一，硬件设备依赖进口问题依然存在。2017 年，国务院发布的《新一代人工智能发展规划》中提到，“我国人工智能整体发展水平与发达国家相比仍存在差距，缺少重大原创成果，在基础理论、核心算法以及关键设备、高端芯片、重大产品与系统、基础材料、元器件、软件与接口等方面差距较大；科研机构和企业尚未形成具有国际影响力的生态圈和产业链，缺乏系统的超前研发布局；人工智能尖端人才远远不能满足需求；适应人工智能发展的基础设施、政策法规、标准体系亟待完善”。

第二，数据积累的成本问题。企业目前在积累自身数据方面还存在着动力不足的问题，众多企业数据管理体系建设不够理想。从企业所有者层面来看，一方面，部分企业所有者尚未意识到积累和管理企业大数据在未来竞争中的重大意义；另一方面，部分企业所有者还是以实用主义为主导，由于短期内无法见效，企业所有者不愿对数据积累投入金钱和精力。根据管理学大师彼得 · 德鲁克的经验，企业最大的经营风险来自外部和内部环境的不确定性。市场环境越复杂多变，企业想要持续经营就越需要重视确定性，而提高企业经营及管理确定性的基础是数据。企业管理者如果不具有长远的战略眼光，则可能会导致企业在未来参与市场竞争时出现可持续发展能力不足、发展后劲渐弱等情况。

第三，数据“垄断”问题严重。一些巨头公司及专业公司掌握越来越多的数据，数据“垄断”现象严重，影响了数据的流动性。例如，在第三方支付和搜索引擎市场中，由于具备庞大的用户基数，BAT 等互联网巨头在建立大数据体系及其应用方面具有得天独厚的优势，小型创业公司望尘莫及。

第四，数据安全制度仍需完善。隐私问题一直是大数据领域难以避开的话题，目前数据保护方面的法律体系和监管机制尚不健全。众所周知，如今数据蕴含着巨大的商业价值，但如何合法合规地获取、分析和应用数据，成为大数据时代的重要挑战。

总之，我国在加强大数据和人工智能技术在各部门各行业的应用、力图在新一轮国际科技竞争中掌握主导权的过程中，还需要攻克诸多难关。

二、了解大数据及人工智能相关名词

（一）大数据相关名词

2015 年 8 月，国务院印发了《促进大数据发展行动纲要》（国发〔2015〕50 号）（以下简称《纲要》）。该《纲要》指出“大数据是以容量大、类型多、存取速度快、应用价值高为主要特征的数据集合，正快速发展为对数量巨大、来源分散、格式多样的数据进行采集、存储和关联分析，从中发现新知识、创造新价值、提升新能力的新一代信息技术和服务业态”。

1. Apache 软件基金会

Apache 软件基金会是科技领域一个非常著名的非营利性组织。在大数据与人工智能领域，人们提到 Apache 一般都是指 Apache 基金会及其所支持的软件项目。在它所支持的项目与子项目中，所发行的软件产品都遵循 Apache 许可证（Apache License）。Hadoop、Spark 等一些我们耳熟能详的开源软件项目都隶属 Apache 软件基金会。

2. Hadoop 与 Hadoop 生态系统

因为高稳定性和安全性，大型机在银行、公共事务管理等领域被广泛应用。为了提升系统的稳定性，大型机在构建时使用专门的操作系统和应用软件、专用的处理器指令集以及具有高可靠性的元件。然而，大型机高昂的价格以及技术垄断等弊端也使一些科学家转向了另外一个可行的方向，即通过使用大批量廉价、低可靠性的计算节点来构建大规模集群，进而替代大型机进行大规模数据处理。

Hadoop 是一个致力于通过使用大批量廉价、低可靠性的计算节点来构建可信赖、可扩展的分布式系统的开源软件项目。在文件系统层面，Hadoop 在设计之初便考虑了容错机制，在 Hadoop 集群中的不同节点上可同时维护同一数据集的多个副本或者数据更新日志，通过数据的冗余来建立容错机制。

在计算方式层面，Hadoop 采用了 MapReduce 的方式。最早 Google

的工程师们在 *MapReduce: Simplified Data Processing on Large Clusters*（《MapReduce：面向大型集群的简化数据处理》）一文当中，首先引入了 MapReduce 的架构。这一架构被认为是革命性的，它成为 Hadoop、Storm 等大数据处理框架的基础。MapReduce 架构里包括 Map 与 Reduce 两类计算节点，Map 节点用于获取原始数据并将其组织成键—值对，Reduce 节点按照业务逻辑对数据进行处理。

MapReduce 架构在解决词频统计等可以高度并行化的问题时取得了非常好的效果。现在我们以词频统计为例来了解 MapReduce 是如何工作的：

①将需要统计词频的文本分发到若干个 Map 计算节点上，每个 Map 节点将收到的文本处理成键—值对。例如，“Hello World”经过 Map 节点后将会被处理为 <Hello，1>，<World，1>这样的键—值对，每个<，>里第一位表示这个统计项的键，第二位表示这个键出现的次数。

②不同 Map 节点的输出通过网络发送到不同的 Reduce 节点上。例如，不同的 Map 节点都处理了“Hello”这个词，则在某个 Reduce 节点将收到类似这样的数据：<Hello，1>，<Hello，2>，<Hello，3>。然后，Reduce 节点根据业务逻辑对这些键—值对进行处理，如在词频统计的案例里，Reduce 节点只需要对这些键—值对的数值进行汇总得到<Hello，5>即可。

目前，Hadoop 主要包括以下模块：

①Hadoop Common：支持其他 Hadoop 模块的一组通用工具。

②Hadoop Distributed File System（HDFS）：Hadoop 分布式文件系统。HDFS 是由多个存储节点构成的分布式文件系统，包括 Namenode 和 Datanode 两类不同的节点。Datanode 负责存储数据块，按需求检索数据，然后向 Namenode 报告库存。Namenode 负责管理文件目录，并在客户机发送请求时将流量定向到相应的 Datanode。HDFS 通过为每个数据块提供 3 个或更多副本来实现内置的容错性。

③Hadoop YARN（“Yet Another Resource Negotiator”）：集群管理框架。在 Hadoop YARN 出现之前，Hadoop 和 MapReduce 是紧密耦合的，MapReduce 同时负责集群资源管理和数据处理，Hadoop 2. 0 版本添加了 YARN 模块专门负责集群资源管理。YARN 的引入使 Hadoop 能够在更大的集群上运行，因此 Hadoop 所能支持的任务数量增加了 1 倍以上。

④Hadoop MapReduce：MapReduce 数据处理引擎。

3. Spark

Spark 最初是由加州大学伯克利分校开发的大数据处理框架，现在它已成为 Apache 顶级项目之一。Hadoop 框架很擅长处理词频统计等一些便于并行计算的简单问题，但当处理图算法等一些较为复杂的问题时，其计算节点间的通信复杂性将大大提高。同时，Hadoop 中的文件存储是基于硬盘存储的，文件在硬盘反复读写时所带来的时间开销也是制约其应用的因素之一。

对计算机硬件有所了解的读者可能会发现，不同类型存储器的单位存储价格与其读写速度之间具有正向相关性。具体体现为在单位存储空间的价格上是 Catch >内存>硬盘，而在读写速度上亦表现为 Catch >内存>硬盘。有过编程经验的读者可能会发现，当对规模较大的数据进行外排序等需要频繁进行硬盘数据读写处理时，反复的硬盘读写过程会消耗大量时间。Spark 通过利用引入内存计算提高了数据处理的速度，这种方法在科学研究和工业上都得到了广泛应用。单个 Spark 集群节点的内存要远大于 Hadoop 集群节点的内存。同时，Spark 提出了弹性分布式数据集（Resilient Distributed Datasets，RDDs）这一概念。RDDs 可以理解为只读分布式共享存储器，它把数据存储在内存中，并且在没有多个副本的情况下提供容错功能。与 Hadoop 系统相比，RDDs 机制下的数据是基于内存存储的，并且 Spark 并不复制或保留更新日志，而是转而跟踪数据集的操作过程。通过将中间结果缓存在内存中的方式，简化了操作过程，显著减少了读写操作的数量。

4. Storm

Storm 是一款开源、实时的大数据处理框架。Storm 最初被设计用于收集和分析社交媒体流数据。流数据是指数据在不断实时产生当中，就像水流一样不断流进处理单元。在实际应用中，很多问题所涉及的数据都是实时产生、实时处理的。

在流数据处理方面一个比较经典的案例是企业日志的处理。一般来说，大型企业的信息系统包括大量的计算节点，这些节点会实时产生大量的日志数据。这些日志数据通常是半结构化的实时数据流，而 Storm 框架正是被设计用于此类流数据的处理。

基于 Storm 框架，每个 Storm 应用被封装在 Topology 结构中，每个

Topology 结构可以被看作由 Spout 及 Bolt 两种计算节点构成的有向无环图（Directed Acyclic Graph，DAG）。也就是说，数据像流水一样流入流出 Topology 结构并在其中按照顺序依次经过 Spout 及 Bolt 结构，并且不会逆流折返。有向无环图的概念在大数据处理中经常被提及，这是很多大数据处理框架的理论基础。

Spout 节点是 Storm 框架中连接外部数据源的组件，Spout 从外部数据源中读取数据并将其送入 Topology 中。Bolt 节点是 Topology 中的另一种节点，它在 Topology 中负责对数据执行处理操作。

5. 4V

在提到大数据的时候，人们常常会提到“4V”这一概念。4V 其实是大数据四个特征的英文首字母简写，分别是数据规模大（Volume）、数据种类繁多（Variety）、数据处理速度快（Velocity）、数据价值密度低（Value）。

这四个特征也是我们在处理大数据时需要面临的挑战，在分析大数据问题时常常需要考虑到这几个因素。

6. 网络爬虫

网络爬虫就是获取网页并提取和保存信息的自动化程序。如果将整个互联网看成一张大网，那么爬虫便是在这张大网上爬行的蜘蛛。如果把互联网上的一个个网页比作节点，那么爬虫爬到这个节点就相当于访问了该页面，并获取其信息。网络爬虫会根据网页与网页之间的链接关系作为其爬行的路径，沿着链接关系爬行到下一个节点。即通过一个网页继续获取后续网页，这样整个网的节点便可以被网络爬虫全部爬行到，网站的数据就会被抓取下来。

（二）人工智能相关名词

根据工业和信息化部中国电子技术标准化研究院《人工智能标准化白皮书》（2018 版）的定义，“人工智能是利用数字计算机或者数字计算机控制的机器模拟、延伸和扩展人的智能，感知环境、获取知识并使用知识获得最佳结果的理论、方法、技术及应用系统”。依据能否真正实现推理、思考和解决问题，又可以将人工智能划分为强人工智能和弱人工智能。迄今为止，国内外的研究者们在图像处理、机器翻译、广告推荐等人工智能领域的研究取得了卓越的成绩，但是这些都属于弱人工智能的范畴，并不真正拥有意识。人工智能产业依照产业链划分，可以分为底层基础层、中层技术层与上层应用层。人工智能相关产业涉及计算基础设施、软件算法、行业应用产品等多个层面和维度，人工智能相关产业的发展已经被提升到国家战略的高度。

1. 自然语言处理

自然语言处理（Natural Language Processing，NLP）是人工智能研究的热点问题之一。自然语言处理即是指利用计算机技术对自然语言包括语音、文本等数据进行处理的过程。自然语言处理的应用场景包括语音文本转换、机器翻译、文本的情感分析、对话系统等。

2. 机器视觉

机器视觉（Computer Vision，CV）是指用机器代替人眼来进行测量和判断，机器视觉包括利用计算机技术对图片、视频等视觉数据进行处理的过程。机器视觉是人工智能研究的另一个热点问题，包括物体识别、物体跟踪等应用场景。

3. 推荐系统

推荐系统是人工智能的重要应用场景之一，特别是在电子商务、广告推荐等领域得到了极为广泛的应用。我们常常有这样的体验，当打开淘宝、京东等电商平台时，会发现广告推荐栏所推荐的商品正是我们近期想要购买的商品，这一服务正是由大数据及人工智能技术所构建的推荐系统来实现的。在早期，美国零售巨头塔吉特公司就利用会员在其所属超市的购物记录推测其在未来几个月内可能需要的商品，并向其寄送打折券。

随着电子商务以及移动互联网的崛起，推荐系统更是成为人工智能重要的应用场景之一。其中广告点击通过率（Click Through Rate，CTR）预估、药物副作用预测等都是非常热点的研究问题。

4. 无监督学习

从字面上理解，无监督学习是一类不需要监督的机器学习方法，即在训练模型时无须输入事先做好标注的训练样本便可进行训练的机器学习方法。常见的无监督学习算法有 K 均值聚类算法（K - Means）等。

对于 K - Means 等聚类算法来说，在训练模型时不需要已知部分数据的标签，而是根据数据在空间中的相对位置关系将其分成不同的类。

5. 有监督学习

与无监督学习相对应，有监督学习是指一类需要监督的机器学习方法，即在训练模型时需要输入事先做好标注的训练样本才能进行训练的机器学习方法。传统的有监督学习算法包括K最近邻、支持向量机、逻辑回归、随机森林等。

K最近邻（K－Nearest Neighbor，KNN）算法与K均值聚类算法是两种表观上类似的算法，但它们分别属于有监督学习与无监督学习。二者的区别如表1－1所示

表1－1　KNN与K－means对比

KNN	K－means
1. 有监督学习。 2. 需要输入标注好的数据。 3. 训练时根据所需预测数据点到空间上距离其最近的K个已有标注数据点的属性来进行打分，通过打分预测该数据点的属性	1. 无监督学习。 2. 不需要输入标注好的数据。 3. ①在训练时先随机选取K个不同数据点作为K个初始聚类中心。 ②依次计算空间中每个数据点到K个聚类中心的距离，并对每个数据点按照与其距离最近的聚类中心进行标注，分为K类。 ③计算每类的几何中心，并以此K个点为新的聚类中心来重复迭代②～③的过程，直到两次迭代间聚类中心的变化小于设定阈值。 ④将所有节点划分为空间中的K类

通过表1－1可以看出，虽然表面上K最近邻算法与K均值聚类算法非常相似，但本质上它们是不同的。根据其算法原理可知，K最近邻算法在训练模型时必须输入有标注的数据才能进行判断，而K均值聚类算法只需获得无标注的训练样本即可。

6. 深度学习

深度学习的概念源于人工神经网络，具有多层隐含层的多层感知机（Multi－Layer Perception，MLP）是一种早期的多隐层人工神经网络结构。按照所用模型的层数，机器学习模型可以分为浅层学习模型

和深度学习模型。浅层学习有支持向量机（Support Vector Machines，SVM）、逻辑回归（Logistic Regression，LR）等。浅层学习模型的结构基本上可以看成是带有一层隐层节点或没有隐层节点的机器学习模型。

20 世纪 80 年代末期，由于人工神经网络的反向传播算法（Back-Propagation，BP）的发明，人工神经网络算法曾经掀起过机器学习领域的一个发展高潮，但是后来人工神经网络却慢慢淡出了研究的前沿，地位被后来出现的支持向量机取代，主要原因有以下两点：

①比较容易过拟合，且参数比较难以调整。

②训练速度慢，在隐含层数量少时并不比其他方法效果更优。

2006 年，深度学习鼻祖 Geoffrey Hinton 在 *Science* 上发表了一篇文章，引发了深度学习的新浪潮。这篇文章主要有两个重要观点：

①多隐层的人工神经网络具有优异的特征学习能力。

②深度神经网络可以通过“逐层初始化”来有效克服多隐层的人工神经网络在训练上的难度。

在 Geoffrey Hinton 的文章中，他使用无监督学习来实现逐层初始化的方法如下：

①逐层构建单层神经元结构，每次都只训练单层网络。

②提出所有单层神经元结构训练完后可用 Wake－Sleep 算法进行整体调整。

这一算法使多隐层人工神经网络得以大规模实际应用，成为深度学习技术兴起的里程碑。当然，更深入地思考深度学习技术兴起的原因，计算能力的提升、数据规模的不断扩大，以及更多实际应用场景的产生才是推动深度学习得以持续蓬勃发展的物质基础与动力源泉。

在深度学习发展早期所使用的多隐层人工神经网络又被称为深度神经网络（Deep Neural Network，DNN）。如今，深度学习算法得到了极大的发展，诸如深度信念网络、卷积神经网络、递归神经网络等各种类型的深度学习算法已经得到了广泛的应用。特别是在推荐系统、机器视觉、自然语言处理等领域当中，应用更为普遍。

事实上，神经科学界普遍相信的学说认为，人类的视觉信息在神经系统中的处理过程亦是通过大脑皮层内的多层感知结构来进行的，这不得不说是一种精妙的巧合。下面简单介绍一下深度学习所包含的卷积神经网络、递归神经网络两种模型。

（1）卷积神经网络。

卷积神经网络（Convolutional Neural Networks，CNN）被广泛地应用于深度学习领域。近 10 年来，卷积神经网络在计算视觉领域得到了飞速发展。图像、视频等类型的数据是由一个个紧邻的像素点或者位点构成的，而很多相邻的像素点或者位点构成了很多可以被识别的特征。

实际上，图像数据的这一特点很早便被人们应用于机器视觉中。早期人们进行图片文本识别时，普遍使用模板匹配的方法从图片中识别出特定的字符，通过设定好的模板从图片中找到形似字符的像素团块，从而识别图片中的文本。经过训练，卷积神经网络中的卷积层能够自动对输入数据中邻近部分进行特征提取，从中找到有意义的位点组合，即特征结构。基于此原理，卷积神经网络能够有效地处理图片、视频等具有邻接性的数据。同时，通过对卷积神经网络中卷积层的可视化研究，也证实了卷积神经网络可以捕获到图像中的一些关键特征。

（2）递归神经网络。

递归神经网络（Recursive Neural Network，RNN）是另一类重要的深度学习模型。目前，递归神经网络已经在时间序列、语音以及文本处理等序列数据的处理上得到了广泛应用。其中，长短时记忆神经网络（Long Short－Term Memory，LSTM）是一类被广泛应用的递归神经网络，读者在阅读关于语音、文本等序列数据处理的专业书籍时会经常接触到这一概念。

当然，卷积神经网络并非局限于处理图片以及视频等数据，递归神经网络模型也不仅仅被用于处理语音、文本等序列数据。在这里，我们的概括性描述只是为了便于读者理解这两大类神经网络的相关特征。事实上，基于卷积神经网络的 TextCNN 模型在文本分类问题上也取得了很好的效果。

深度学习所包含的内容远远不止我们所提及的深度神经网络、卷积神经网络、递归神经网络等几类模型。感兴趣的读者可以进一步关注近些年在深度学习领域涌现出的新模型，包括但不限于混合卷积—递归神经网络、生成对抗网络、深度强化学习模型等最新概念。

三、大数据与人工智能技术在尽职调查工作中的应用

尽职调查的目的是价值发现、风险识别和投资可行性论证。根据工作实践并参考相关文献资料，我们将以行业分析、产品竞争能力分

析、公司管理层尽职调查、财务尽职调查、法律尽职调查为例，探讨大数据和人工智能技术在尽职调查相关环节中的应用问题。

（一）大数据和人工智能技术在行业分析过程中的应用及机会

行业分析过程的核心是通过尽可能全面、准确地收集信息和数据，利用应用统计学、计量经济学等分析工具进行分析，进而得出合乎行业发展规律的结论，实现预测行业发展趋势的目的。这是一个动态的正反馈过程，要结合实际情况不断验证结论的可靠性，进一步纠正推演逻辑，增强行业洞察力，为投资决策提供更加充分的判断依据。

通过大数据和人工智能技术对一个行业所有客户群体行为模式进行分析，进一步挖掘用户偏好，并通过加快新产品和服务的推出来改善整个行业的客户服务水平。将大数据和人工智能技术融合，通过对数据的分析来推动行业的创新和发展。另外，通过对行业的分析，也有助于比较目标企业相对于其他生产类似产品或服务的公司的地位。利用大数据和人工智能技术，也可以在行业分析过程中，在竞争对手分析、行业动态采集、产品监测等方面为分析目标企业提供依据。

1. 竞争对手分析

我们可以将目标公司及其竞争对手的产品作为监测主体，利用自然语言处理等技术，通过对各类型互联网信息载体上客户评价信息的深度挖掘，通过分析和综合用户评论中的意见，获取用户的意见倾向。从而了解他们对产品的偏好，了解竞争产品在产品性能、客户满意度等方面的用户评价情况，获取公司及竞争对手的产品竞争优、劣势，从侧面了解目标企业产品情况。

2. 行业动态采集

我们也可以将目标公司所在行业作为监测主体，利用自然语言处理、流式计算等技术，通过对各类型互联网信息载体关于该行业的相关信息深度挖掘，快速了解新政策的推出、新产品的发布、新技术的开发等方面的情况，及时掌握最新的行业动态。

3. 产品监测

我们可以将目标公司的产品设置为监测主体，通过网络上客户对产品的讨论内容，利用文本分析、情感分析等自然语言处理技术，可以获取公司产品最真实的用户体验和实际需求。

（二）大数据和人工智能技术在产品竞争能力分析过程中的应用及机会

互联网时代，用户可以通过各类电子商务网站对各种产品或服务发表评论。网络上大量的用户评论信息为分析用户评论提供了重要的数据来源。管理和分析这些评论信息具有重要意义，主要表现在：通过分析和综合用户评论中的意见，得到用户的意见倾向，以及他们对产品的偏好；对目标企业来说，通过综合分析用户的评论信息，能够全面、及时地了解用户的需求和兴趣，也能够全面、及时地了解目标企业和竞争对手产品或服务的优缺点，以便更好地改进或提升产品或服务的质量，大大提高产品或服务的市场竞争力；对投资者来说，通过参考用户对产品或服务的评论，能够全面地了解产品或服务哪些方面做得好，哪些方面做得不好，从而为投资决策提供参考依据。

传统的产品评论挖掘研究包括两大部分：第一部分是特征词、意见词抽取，即从非结构化的产品评论中，抽取结构化的产品信息特征词—意见词对；第二部分是意见词极性判断，即判断特征词—意见词对在上下文语义中的情感倾向。下面我们来分别加以说明。

1. 特征词抽取

产品特征词是指用户评论中关注的细节，用户对特征词的评论称为意见。特征词分为两类：显性特征词和隐性特征词。显性特征词是指在评论句子中显性出现的特征词；隐性特征词是指在评论句子中没有明显出现的特征词，需要根据上下文去了解。目前产品评论挖掘中，抽取显性特征词的方法主要包括有监督和无监督两种，下面分别加以说明。

（1）有监督的显性特征词抽取方法。有监督的显性特征词抽取方法事先需要人工的参与，标注一定的数据作为训练集，无法让程序自动完成。不同种类的产品就需要不同领域的专家参与标注训练集，故很耗费时间，且人力成本巨大。

（2）无监督的显性特征词抽取方法。无监督的特征词抽取方法，不需要选取人工标注后的语料库作为训练集，具有良好的方便性和通用性，缺点是正确性可能较差。

2. 意见词抽取

用户对于特征词的评论称为意见，主要是以形容词的形式出现，但是也有一些意见词是以副词或动词的形式出现。

3. 意见词极性判断

（1）无监督的意见极性判断方法。无监督的意见极性判断方法有：基于词典的方法；基于待判断词与种子词情感关系的方法；基于语句间连接词规则的方法；判断（特征词、意见词、子句否定词个数）三元组的方法等。

（2）有监督的意见极性判断方法。有监督的意见极性判断方法采用的是机器学习中分类的方法，在分类前将训练集手工标注成两个类别（正面倾向和负面倾向），然后训练分类器。

对上述特征词抽取、意见词抽取及意见词极性判断相关方法感兴趣的读者可以阅读相关文献深入研究。

通过产品评论挖掘不仅可以让目标企业知道某个产品的用户意见，还可以通过比较用户对目标企业和竞争对手产品的意见倾向，了解客户的真实需要，预测产品未来发展或者改进的趋势。

例如，对比北京市某类型餐厅和竞争对手产品情况，可通过以下三步来实现：

第一步，初始数据获取。采用网络爬虫技术，通过Java程序（本案例实际操作中使用Java程序，没有使用Python程序）调用htmlparser解析"大众点评网"网页，抓取全北京市所有餐厅评论信息数据，主要字段为：餐厅的ID号、店名、餐厅的实际地址、餐厅所在地一级行政单位、餐厅所在地二级行政单位、餐厅所在地三级行政单位、餐厅类型、餐厅的人均消费、评论者、口味评分、服务评分、性价比评分、环境评分、人均消费、评论时间、评论全文、推荐菜、标签、餐厅等级等。采用其中的部分数据，包括300个用户对10家餐厅的10万条评论记录。

第二步，特征词、意见词抽取。显性特征词抽取：显性特征词抽取的功能是从餐厅评论信息中抽取出代表用户兴趣点的特征词及相应的意见词。可将抽取的特征词中的菜名和隐性特征词过滤，剩下的如环境、服务、口味、性价比、包间、价格、交通、气氛、特色、品种、餐具、地理位置等在内20个特征词作为用户兴趣词。

第三步，情感分析。通过判断代表用户兴趣点的特征词所对应意见句的情感倾向，对各个代表用户需求的特征词进行意见极性判断。通过意见极性判断的结果来计算10家餐厅在20个用户需求特征词上的得分，从而得出客户对目标餐厅和竞争对手餐厅的意见倾向，以便更好地辅助投资决策。

例如，可以使用参考文献中提到的判断（特征词、意见词、子句否定词个数）三元组的方法来进行意见极性判断（该方法为无监督的意见极性判断方法）：

通过判断（特征词、意见词、子句否定词个数）三元组的感情色彩来进行意见极性判断。

过程如下：首先，将同一个特征词相关的意见词所在的子句按照连词拆分成同极性句，再将特征词—意见词对分成两组（同极性句集合，反义句集合）；其次，通过计算三元组的相似度来计算子句的相似度，接下来利用K－MEDIODS算法对子句进行聚类；再次，根据同一类中上下文无关的意见词的极性来确定其所在类的极性；最后，再将该类的极性作为类中包含的上下文相关意见的极性。

（三）大数据和人工智能技术在对公司管理层尽职调查过程中的应用及机会

我们可以通过以下几种方式获取公司管理层信用状况，尤其重点关注实际控制人信用状况。

方法一：通过大数据计算个人信用分。在有授权的情况下获取个人征信领域中的大数据，依据用户在互联网上的各类消费及行为数据，居民水、电、煤气、固话、宽带等缴费业务数据，结合个人信贷信息、社交信息，经济来源和个人资产数据，其他与个人信用有关的信息（如银行、保险、公安、交通、医疗、民航相关交易数据），政府公开和公共服务信息，以及其他方面的个人信息，构建信息主体多维度画像“大数据拼图”。运用云计算及机器学习等技术，通过决策树、随机森林等模型算法，参考国际上通行的信用分如美国的 FICO 信用评分等来直观表现信用水平高低，对个人用户信息进行加工、整理、计算后得出简单易懂的分值——信用评分。该信用评分是对各维度海量信息数据进行综合处理和评估，从用户信用记录、交易行为、履约能力、身份属性、人脉关系几个维度客观呈现个人信用状况的综合分值。分值越高代表信用越好，相应的违约率相对较低。如果信用分低于一定的数值，则提示风险预警。

方法二：通过中国人民银行征信中心及在央行主导下百行征信有限公司查询个人征信信息，核实实际控制人是否“过度多头借贷”，如果实际控制人多头借贷过度则提示风险预警。百行征信有限公司是经行政许可的全国唯一一家持牌市场化个人征信机构，由中国人民银行监督管理。通过查询工商信息可知，百行征信的第一大股东为中国互联网金融协会，占股36%，其他8家各占股8%。其股权结构如下：中国互联网金融协会占股36%，芝麻信用管理有限公司占股8%，腾讯征信有限公司占股8%，深圳前海征信中心股份有限公司占股8%，鹏元征信有限公司占股8%，中诚信征信有限公司占股8%，考拉征信有限公司占股8%，中智诚征信有限公司占股8%，北京华道征信有限公司占股8%。目前，百行征信已经与上百家机构签署信用信息共享合作协议，涵盖了P2P、网络小贷、消费金融等领域。2019年1月1日，百行征信正式启动了个人征信系统、特别关注名单平台和信息核验平台3款产品的上线验证测试工作。

（四）大数据和人工智能技术在财务尽职调查过程中的应用及机会

利用大数据和人工智能技术分析大量结构化或非结构化数据，然后从中提取可靠财务信息，提高客户分析风险和识别风险的能力。

利用大数据和人工智能技术深入研究客户交易和关系，金融机构可以做好风险控制，包括负面新闻搜索、文档验证、就业验证等。

企业在日常经营和管理中不断产生数据。除了销售数据、员工考勤数据、生产数据、财务数据、采购数据，还有员工工资记录、社会保险参保缴费记录、住房公积金缴费记录、获得奖励记录、纳税申报记录、欠税记录、民事判决记录、行政处罚记录。此外还有水费、电费、燃气、煤气缴费记录等公司能耗记录数据，以及企业在中国移动、中国联通、中国电信等公用事业缴费记录数据等。

利用大数据和人工智能技术，在传统的财务分析外，可以将财务数据与日常经营和管理中的非财务数据及其他各种来源数据进行交叉验证。这样可以确保其准确性，保证财务数据质量；有利于掌握企业生产经营是否正常及验证财务数据的真实性；能发现伪造销售收入证明材料、虚增销售收入、虚增每户净利润等各种财务造假情况。

（五）大数据和人工智能技术在法律尽职调查过程中的应用及机会

法律尽职调查是一项耗时的工作，律师事务所越来越希望采用先进技术来简化流程，以最大限度地提高效率、减少错误、降低成本。

在法律尽职调查中，利用大数据和人工智能技术能够按照要求自动地审查大量合同，同时能最大限度地减少传统尽职调查中的错误或遗漏。

在法律尽职调查中，可以利用大数据和人工智能技术从其来源收集相关文件，过滤掉不相关文件，对合同的内容进行分类，从而为投资决策提供参考依据。即通过人工智能中的自然语言处理技术对合同文档进行分类，然后律师在此分类的基础上，再做一些工作。一般步骤如下：

第一步，提取关键词。

关键词提取主要是指法律文件的文本特征提取，如关于法律的专业名词，现有的分词工具可能分得不好，导致特征提取得不是很好，我们可以采用半人工形式来添加法律尽职调查报告中的关键词。另外，也可以使用TF－IDF算法，通过TF×IDF＝词频（TF）×逆文档频率（IDF）这两个计算值的乘积来衡量一个关键字在文档中的重要性，从而提取关键词。

第二步，文档分类。

文档分类中的常用算法包括朴素贝叶斯、K最近邻（KNN）算法、决策树、支持向量机（SVM）、人工神经网络、AdaBoost算法等。有些算法在特定的数据集下表现较好，通过法律文本数据可比较它们之间的优劣，从而选择一个最适合数据特征的分类算法。通过使用支持向量机（SVM）对文档进行初步分类，然后采用文档级特征及共同出现的倾向对结果重新排序，从而将文档归到某个类别中。

利用在连续迭代中运行的大数据及人工智能程序，关键合同条款以及之前在尽职调查中遇到的问题及经验文件信息，能够被深度学习且加以保留。

这一过程也可以通过以下两个步骤来完成：

第一步，构建一个易于扩展的分类器，过滤掉大部分不相关文件，保留有用的N个文档。

输入：全量文档。

输出：关键合同条款以及之前在尽职调查中遇到的问题及经验文件。

第二步，使用神经网络来深度学习理解这N个文档，从而做出预测。

输入：关键合同条款以及之前在尽职调查中遇到的问题及经验文件。

输出：预测可能存在的法律问题。

四、大数据和人工智能技术在投资决策分析工作中的应用

（一）企业大数据

随着大数据和人工智能技术条件逐渐成熟，经济转型升级背景下的增长压力也促使企业希望借助数据制定科学的生产战略和营销战略。企业数据对企业的日常运营和未来发展来说都是一种十分宝贵的资源，也是一种“商品”，它可以用市场化的方式来流通。咨询机构，在找出各个行业企业生产经营管理上存在的问题、分析问题产生的原因及制定切实可行的改善方案等方面，具有相对丰富的经验。如果在此基础上通过掌握的大量数据建立大数据平台并精准高效化运营，将具有高效利用大数据资源的先天优势。对于投资者和被投企业来说，如果能利用大数据来管理企业，不仅可以帮助被投企业在技术上实现“精准营销和高效生产”，还可以为被投企业战略规划提供科学依据，建立集团管理和控制系统，有效优化管理模式，为投资者的投后管理提供数据依据和智力支持。

1. 企业大数据的内容和分类

一个企业，无论大小，在其每天的生产经营过程中，通常都会产生非常多的数据。但是，并非这些数据就可以称为“大数据”，也并非全部数据都有收集、存储和分析的价值。企业产生的大数据来源广泛，并非仅仅局限于网络上的企业新闻、工商信息、行业研究报告等，还包括企业日常生产经营活动中所产生的诸多数据。例如，制造业企业在生产过程中所产生的工业数据、在日常经营中所获得的用户反馈

信息、在购买和销售过程中所产生的价格和运输等数据，都是企业大数据的来源。例如，机械设备反馈的数据包括温度、湿度等；非机械设备产生的数据包括销售信息、客户信息等购销信息，员工薪酬、人员流动、员工考勤等管理信息。

通常来说，可以从以下三个方面对企业大数据进行分类：

第一，如果从会计的角度对企业大数据进行分类，可以分为经营活动数据、投资活动数据和融资活动数据三个方面。经营活动数据是指提供商品和劳务相关的数据，包括原材料的购买、商品的销售，以及企业制定的相应价格策略、广告策略等；投资活动数据包括企业扩大生产规模、投资设立子公司、购买其他公司股权等信息；融资活动数据包括企业的直接融资、间接融资以及相关的抵、质押等信息。

第二，如果从数据形态的角度进行分类，企业内部大数据则可以分为静态数据和动态数据两类。静态数据是指变化频率较低、不会随着日常经营活动而实时变动的信息，如企业工商注册信息、固定资产、无形资产、企业章程等信息。动态数据是指随日常经营而实时变动的数据，如库存变化、商品销售状况等信息，这些信息通常具有极强的时效性。

第三，如果从数据来源与企业关系的角度进行分类，企业大数据可以分为两类，分别为企业内部大数据和企业外部大数据。企业内部大数据主要来自人力资源管理、财务管理、销售管理等业务相关部门相应的数据清单；企业外部大数据则主要包括政府公布的人口数据、经济数据、行业政策信息、权威机构发布的研究数据及同行或者潜在市场的相关数据等，企业在制定战略、研究投资时，需要深度分析这些信息。

2. 企业大数据的用途和意义

通过企业大数据分析系统对市场上众多企业所产生的海量数据进行汇总、加工、分析，所得出的结论不仅可以为企业优化运营、提升生产效率、制定科学战略规划、做好投融资规划提供科学依据，也可以帮助投资者判断一家企业是否具有核心竞争能力和可持续发展能力。

例如，当投资者采用 Key Success Factors 分析法（KSF，1970 年由哈佛大学教授 William Zani 提出）分析行业的核心竞争要素时，可不再停留在定性分析的层面。通过对比行业内的优秀企业与普通企业，可以发现在某些环节的运营上优秀企业普遍要优于普通企业，由此可以找到影响企业竞争优势的关键变量。而这些关键变量的改善将会极大地提升普通企业在业内的核心竞争力。但是，企业在发展到哪个阶段时适合针对哪个关键因素增加投入，以及如何选择合适的投入增长速度，都无法通过定性分析得到一个相对准确的结果。建立企业大数据库，并利用人工智能技术对数据进行整理和分析，虽然不能通过量化的方式完全解决上述问题，但可以通过对比其他企业的相关数据给出建议。例如，企业在进行投资活动时，如何确定投资规模、投资速度，可能关系到企业能否持续发展甚至是企业的存亡。众所周知，某家用“非油炸”这种健康理念迅速打开市场的著名方便面品牌在产能扩大速度不当导致破产事件中的众多关键数据信息（排除其中需受到保护的专利和商业机密等信息），成为众多企业家为自身企业发展而分析总结的数据素材。

企业大数据除了可以作为数据支撑，辅助企业管理者和投资者做出战略规划以及投资决策，还可以直接应用于部分行业的日常工作之中。例如，会计行业，每个事务所在参与的各个项目过程中都会收集企业一段时期内所产生的众多财务数据以及经营数据。通常某一个项目会由一个会计师团队来负责，当项目结束后，会产生大量的资料底稿，目前普遍的做法是直接将纸质的资料存档。该项目结束后一段时间内，如果客户或是会计师事务所想再次调取项目的相关资料，需要耗费工作人员大量的时间和精力从众多纸质资料中寻找，而资料常常会由于当初负责项目的团队成员的离职而丢失。律师事务所、咨询公司、券商、私募等机构也常出现类似的情况，这类企业的共同特征是随着时间的推移和项目的推进，每天都会产生大量的数据。如果将此类企业的纸质资料电子化，利用大数据系统将企业各部门的数据集合起来，则可以实现将众多同行业中各企业的数据进行汇总并集中分析。在此过程中，除便于调取数据之外，还可以根据总量巨大的数据，选取合适的分析模型，进行判断与预测。例如，目前有些开发智能投研系统的创业公司就是通过将网络中券商、统计局、协会网站以及上市公司等统计和研究的零散式成果，按照行业来进行梳理，提供一份全面且具有时效性的行业报告。除提供行业报告之外，还可以作为会计师事务所、券商等机构的预警系统。当系统中新增样本时，大数据系统可以对新样本中不符合既定逻辑的部分进行提示，从而有效提升企业员工的工作效率。

（二）大数据和人工智能技术在智能投研行业的应用

过去，分析师需要人工收集、整理并分析海量数据，费时费力且效果有限。为了帮助分析师高效收集、整理数据，辅助优化投资策略，智能投研在大数据和人工智能技术迅猛发展的背景下应运而生。

通过对国内外智能投研创业公司的研究和分析，我们了解到，大数据和人工智能技术在智能投研行业应用通常因其具体任务需求不同，实施步骤会有所差异。一般地，其整体演变过程可以概括为以下四个阶段：

第一阶段，数据采集。

通过各种信息采集渠道收集各种类型的数据并存储，形成原始数据集。在定义目标所需要数据以及数据类型后，一方面通过网络爬虫等技术采集各种网络媒体（如新闻网站、平面媒体电子版、论坛、博客、微博、贴吧、手机报等）的非结构化数据与半结构化数据，并从中抽取出用户所需要的相关属性的内容。利用基于字符串匹配的分词方法或基于统计模型的序列标注切分等中文分词技术、去重技术对抓取到的网页数据进行内容和格式上的初步处理，将其转换为结构化数据，以供后用。另一方面，通过其他合法合规方式获取消费者行为数据、商品和服务交易数据、工商登记信息、税务登记信息等结构化数据。

在数据方面，有些智能投研创业企业专注于纯金融市场的数据挖掘，如券商研究报告、上市公司公告等数据。有些智能投研创业企业除了利用目标企业直接相关的金融市场数据，还利用如电商平台消费者行为、新闻报道等可影响目标企业的其他“另类”数据。

第二阶段，数据加工。

在采用深度学习模型作为处理手段时，通常需要对采集到的原始数据按照目标模型进行标注，形成标注数据集。对原始数据集利用句法分析、语义分析、分词技术等做进一步的格式转换、信息过滤、分类等操作，进行特征提取，进一步得到有利于模型加工的诸如清晰的文本结构数据的数据集。同时，借助人工标注与自然语言处理框架中的标注工具对目标信息数据进行标注，从而形成标注集，以供机器学习中的模型使用。

第三阶段，数据深度挖掘。

利用自然语言处理等技术对数据进行处理和深度挖掘。根据目标任务，选取自然语言处理中的诸如贝叶斯语言模型、神经网络语言模型中的 CBOW 模型与 Skip - gram 等相应模型算法对文本进行建模、编码，构建输入向量。根据目标任务，进一步利用分词技术、信息检索等，选取机器学习中诸如 RNN 循环递归等深度神经网络算法对数据集进行模型训练与评测优化，得到解决目标任务相关的具体模型。常见目标的任务包括情感分析、文本分类、语义推断、特定领域问答系统的知识学习模型等。最后选取最优模型，进行数据的分析，从而得到目标信息。利用可视化技术，搭建更好的结果呈现。

第四阶段，数据智慧决策。

在投资行业，分析师可以将宏观经济形势、行业、企业基本情况和其他多方面因素关联在一起，形成“知识图谱”。在智能投研行业，机器能够从各类数据源批量自动提取关键信息，然后构建关联关系，形成“知识图谱”。当发现某些因素发生变化时，可以根据关系链得出见解并做出预测，以便为投资决策提供支持。可以说，知识图谱是智能投研的灵魂。

利用得到的目标信息进行信息汇总，形成知识图谱，在此基础上形成诸如金融反欺诈等相关领域智能问答系统，给决策者提供诸如风险提示等服务，辅助决策者采取相应的决策来防范风险。还可以利用人工智能中的决策树算法、推荐算法等技术进一步为用户提供自动风险预警、风险排查服务，开发出诸如“Warren”[①] 等更加智能且具有良好人际交互、强大深度学习能力的智能投研产品。

（三）大数据和人工智能技术在投资决策分析工作中应用的维度

对于投资者来说，除了需获取企业自身提供的基本财务报表、合同、资质证明等信息，还需要通过访谈、上下游客户走访以及网络查询等方式获取企业的全景数据。全景数据的维度，从人的角度来看，包括企业实际控制人、股东、高管团队、核心技术人员等相关信息；从经营的角度来看，包括主营业务、核心产品/服务、企业品牌等相关信息；从财务的角度来看，包括企业的年报、半年报、季度报告中的财务情况等相关信息；从核心技术的角度来看，包括企业知识产权、商标、其他证书等相关信息；从法律的角度来看，包括企业负面清单、

① “Warren”为美国智能投研先行者 Kensho 智能投研金融服务公司的产品，国内对标的智能投研公司有通联数据的萝卜投研。

人员失信记录等相关信息；从企业投融资的角度来看，包括过往投资人信息、控股企业等相关信息；从舆情的角度来看，包括企业新闻、企业招聘信息等相关信息。

目前，已经有许多创业者从数据收集和分析方面着手，以公开数据为切入点对零散数据信息进行筛选整合，以关系为核心开发出一些对企业进行画像的系列产品，其具有查询企业信息、展现商业关系、商业关系挖掘等功能。部分服务商还针对 B 端、G 端客户进行定制化服务，为特定行业的功能需求定制开发相关大数据产品。

利用大数据和人工智能技术辅助投资决策的相关应用可以减弱信息的不透明性，让投资者在行业信息获取、项目数量、项目质量等方面得到更多的真实信息，辅助投资者做出更优的判断。根据对市场上相关应用的总结，现有工具主要围绕投资者最关心的项目相关的一些核心要素来运行：

下面我们来探讨一下大数据和人工智能技术在金融投资领域的一些常见应用维度：

1. 工商信息维度

企业的工商信息包含多项内容，如企业股东信息、企业核心团队信息、工商变更信息、企业的分支机构信息等。一般来说，投资者获取这些信息主要有两个途径：一是查阅多个网站；二是由企业主动提供。投资者获取信息后的整合工作繁重，且重复性工作居多，故效率低下。而通过第三方信息服务商将数据集中整合，不但能大幅减少投资者在信息搜集过程中所付出的人力成本，还能提升所获取信息的全

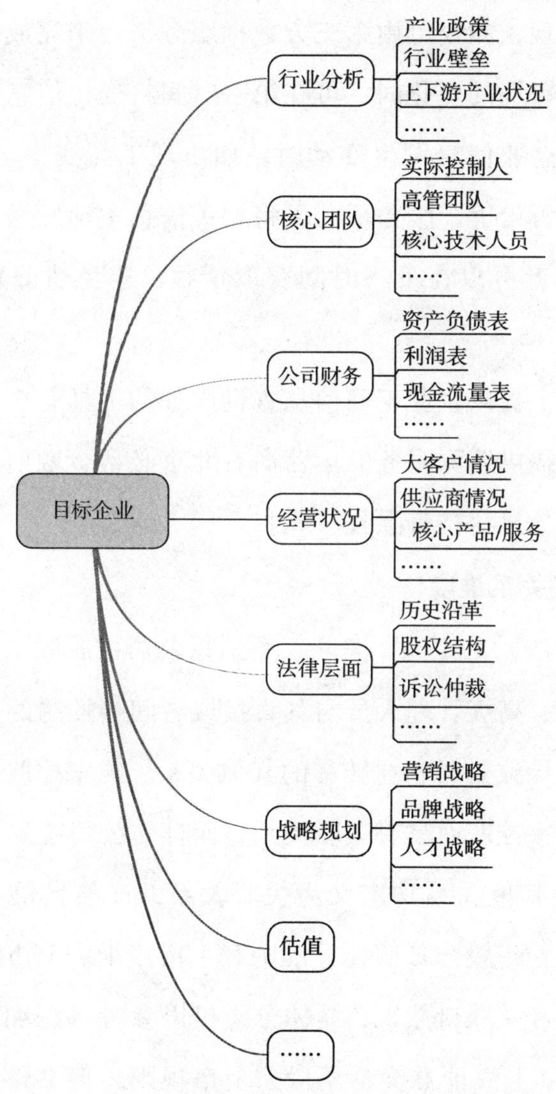

图1-1　大数据与人工智能工具的运行维度

面性和准确性。

除上述静态查询的需求之外，投资者通常还需要实时监测企业和市场的变化，以便出现异动时迅速做出反应。以往的监测工作要由人工定期查询来实现，如今可由第三方数据服务平台来完成。当服务平台监测到企业和市场的变化时，可在第一时间将变化信息发送给平台用户。例如，当企业信息发生变动时，如出现工商变更、对外投资、高管变动、司法诉讼等，服务平台可将相关信息主动发送给投资者予以提醒，让投资者可以在第一时间获取情报，避免遗漏重要的异动信息。

目前，市场上提供企业工商信息查询服务的工具有企查查、天眼查、启信宝等，提供监测服务的运营商有北京必帮金融信息服务有限公司、上海风报信息科技有限公司等。

2. 企业关联关系维度

根据《公司法》的定义，关联关系是指公司控股股东、实际控制人、董事、监事、高级管理人员与其直接或者间接控制的企业之间的关系，以及可能导致公司利益转移的其他关系。国家控股的企业之间不仅因为同受国家控股而具有关联关系，而且《公司法》把可能导致公司利益转移的其他关系均定义为关联关系，该条款仅为指导性条款，实际操作中，一般会参照会计准则和上市规则。上市公司的关联人包括关联法人和关联自然人，具体分类可以参考《深圳证券交易所股票上市规则》《上海证券交易所股票上市规则》等文件。公司及其子公司与具有关联关系的关联方进行交易，即关联交易。由于公司的关联方具有复杂性、隐蔽性的特点，导致关联交易容易出现定价不合理、交易不公平乃至侵害公司利益的情况。

市场上的有些企业为了粉饰自身的盈利水平，会利用关联交易手段来制造一些虚假交易。常见的关联交易主要包括以下三种：资产交易、业务往来交易、资金融通和担保。若与关联方的交易比例较大，还可能导致企业对关联方产生较大的依赖性。关联交易往往会对标的企业业务的独立性，业绩的真实性、可靠性及内控的有效性产生重大影响。因此，关联交易事项属于投资者进行尽职调查的重点。此外，如果叠加股权代持因素，会导致股东利益关系更加复杂，关系交易也会更加具有隐蔽性和不可预测性。因此，在尽职调查过程中，对于代持股权情况要特别重视，要从是否有代持协议、出资来源是否明确且合法、是否具有正当商业逻辑等角度进行核查和判断，以确保股权的真实性及不存在股权不清晰的情形。

如何界定关联交易，除了规则明确属于关联交易的事项，还需要遵循“实质重于形式”原则。关联交易的审查关键点在于：第一，识别交易双方是否具有关联关系，以及关联关系的重要连接路径；第二，识别关联交易中具体交易事项的交易价格、目的和实质，评价交易对公司独立运营能力的影响，是否具有公允性。在核查过程中，从企业提供的关联方名单为出发点进行核查，同时需要查阅社会公开信息等，来确定交易双方企业是否具有如母子公司、交叉持股、受同一方控制等明显的关联关系，或是各方实际控制人、董事、监事、高级管理人员及核心技术人员是否存在兼职情形或构成关系密切的家庭成员等。除了传统的依靠人力对登记信息、合同信息等信息进行查阅，还可以依托计算机技术手段，通过设计算法将本次交易信息数据与历史交易数据进行对比，对关联交易进行辅助检查。由于企业可能会通过多层嵌套的手段来规避形式上的关联关系，可以利用网络大数据工具进行辅助调查，从而能够更方便地查询所有可能涉及关联性质的公司。

一些工具的数据库系统中涵盖了一家企业股东、董事、监事、高级管理人员名下的所有企业，提供了可以辅助查询企业关联公司的增值服务。天眼查网站也可以针对股东、法定代表人、董事、监事、高级管理人员等反查关联企业，形成关联性关系图谱，并可以形成一份较全面的报告，用于梳理交易背后的商业脉络。

3. 个人征信维度

企业核心团队的相关信息包括团队成员的任职情况（是否有兼职等）以及个人征信信息等。企业实际控制人对企业的影响是深远的，尤其是民营企业实际控制人的管理和决策深刻影响着企业的发展模式和成长潜力。如果实际控制人存在风险，则往往会导致企业的经营风险。所以要对企业核心团队进行深入了解，除了通过深度访谈，还需要采用外围调查等多种方式，多角度全面考量企业核心团队的状况。

如果需要了解企业员工征信信息，则可以在中国人民银行征信中心或百行征信等相关平台进行查询。此外，还有一些第三方工具，提供查询和监测股权变更、股权冻结等相关信息的服务。

4. 竞争分析维度

投资者通过与同行业或者相似企业进行对比分析，能够了解目标企业在行业内所处的地位和企业自身的优劣势，涉及发展历程、产品与服务、商业模式、核心技术、市场占有情况、财务指标等多个方面。例如，分属于两个不同行业的甲、乙公司，甲公司的注册资本、营业收入、净利润远高于乙公司，但是因为甲公司所处行业的总体体量远高于乙公司所处行业，故甲公司在行业内的市场占有率可能远低于乙公司。

一个行业的状况时刻发生着变化，可能出现新的行业进入者和退出者，发生市场占有率的变动或产生新技术等。一般来说，上市公司等会定期披露自身信息，但众多初创型企业并没有一个集中对外披露信息的平台，投资者很难获取和统计相关内容，所以难以保证行业体量和参与者数量等数据的准确性。而利用大数据和人工智能技术，则可通过机器来收集和处理相关数据，具有快速、精确、全面的特点。例如，一些分析工具可以较为快速和精确地给出企业在资金规模、经营状况等方面在行业中所处的地位，做到在海量数据中以毫秒级速度进行搜索和分析。部分信息服务平台除了可以提供企业信息查询和展示功能，还可以针对全国主要省份、地市、县区企业数量及产业发展状况推出排行榜服务。但这些平台覆盖的许多企业信息未经核实，存在数据不准确的情况。

5. 固定资产维度

在对企业有形资产尽职调查过程中，投资者通常需要核查土地使用权、房产、车辆等资质证书。此外，还需要核查固定资产的抵押登记等信息。一般来说，投资者需要通过土地登记及档案管理部门、房产登记及档案管理部门等相关渠道获取这些信息。投资者对固定资产信息进行查询，渠道一般为各相关官方网站，此外还有如金马甲等第三方信息服务平台及辅助查询工具。这些第三方工具通常会收集相关渠道上的公开数据，然后从行业和企业等维度来进行整合。

6. 无形资产维度

对于制造业等行业内的企业来说，商标、专利等核心无形资产在很大程度上决定了企业的核心竞争力。投资者可以通过国家知识产权局、国家市场监督管理总局商标局、中国版权保护中心等权威部门官方网站查询企业的无形资产相关信息。

通过国家知识产权局“专利检索系统”，可以查询专利的基本信息，还可以查询各专利权法律状态、专利证书发文、年费计算及全国大部分省市的专利代理机构名录等内容。

通过国家市场监督管理总局商标局“中国商标网”，可以查询注册商标信息及商标申请信息。需要注意的是，商标局明示该网站查询内容仅供参考，具体的商标注册信息还应以国家市场监督管理总局编辑出版的《商标公告》为准。

通过中国版权保护中心可以查询计算机软件著作权登记、著作权质权登记机构等信息。

此外，还有一些第三方查询工具，这些平台提供的数据较全、更新较快、信息较为准确。投资者可以由此获取知识产权出质等信息，及时了解企业无形资产信息更迭情况，从而更全面地了解目标企业。

7. 法律维度

在法律尽职调查的过程中，需要对目标企业相关诉讼信息、被执行人信息进行详尽调查。投资者查询企业是否有违反法律法规被有关部门做出处罚的记录时，通常需要浏览最高人民法院“全国法院被执行人信息查询系统”、最高人民法院“全国法院失信被执行人名单信息查询系统”、中国法院网“公告查询”、人民法院诉讼资产网及各省级高级法院官方网站等信息发布平台。如果目标企业的管理者为失信被执行人，该企业将在招标投标、资质认定等方面受到多种限制，会对企业正常生产经营产生较大影响。所以投资者需要对目标企业是否涉诉等进行全面查询并实时监测，而这个过程需要花费大量的时间成本和人力成本。

目前，市场上出现了一些第三方服务平台，如北大法律信息网“北大法宝”、信用视界等，将全国企业信用信息公示系统等100家网站中提取的官方数据集合起来，“一站式”呈现目标企业的法院判决、法律诉讼、失信和被执行人等相关信息。同时可每天为会员自动推送企业动态，帮助投资者实时监测目标企业。由于部分法院上传数据的时间会有所延迟，所以以上查询方式查询到的信息仅提供辅助和参考作用。

8. 企业运营数据维度

在日常运营过程中，企业每天都会产生总量巨大的运营数据。一般情况下，由于受存储和运算能力的限制，所采集的数据往往不到几周甚至几天便会被新产生的数据覆盖或被删除，流失了大量的有效数据样本。例如，工业生产数据可应用于产品质量追踪过程，实现全程溯源功能，从而帮助企业从设计、施工、测试到运行的全流程进行科学化管理。

众多创业者开始意识到运营数据的重大意义。如久蕴科技有限公司致力于发展智能制造以实现数字双胞胎，承建了中石化在炼化领域的企业智能安全管理平台试点工程和中海油海上钻井平台的数字双胞胎项目。还建立了中国移动的大数据日志安全分析平台、中国电力的大数据日志运维分析平台和招商银行的大数据业务分析平台。

9. 舆情信息维度

在对企业尽职调查过程中，投资者通过企业提供的书面材料和企业所披露的公开资料、访谈笔录等所获得的信息，可以视为项目的“正式信息”。此外，还有一些“非正式信息”，如网络中的招聘信息、企业新闻、访谈稿件以及在企业现场所见、与一线工作人员交谈所获得的资讯等，都可以更为客观、完整地反映企业的生产经营和管理状况。这些“非正式信息”可以为尽职调查工作提供新的思路，或作为“正式信息”的重要补充从侧面反映企业的现实情况。

但是这些“非正式信息”分散在网络各处，数据量庞大难以穷尽，如果通过人工方式在网络上手动搜索，成本高且效果不佳。而且由于受到搜索途径和搜索范围的限制，可能会出现因为信息过于片面而使结论偏差较大的情况。

目前，有一些信息服务平台通过企业名称、人员姓名、品牌、专利等企业相关信息的关键字或者关键字组合来多维度锁定目标企业。利用机器获取分布在网络上的目标企业相关新闻、招聘信息和企业评价信息等，帮助投资者全面了解目标企业。

10. 市场环境维度

投资者从海量项目中筛选优质标的，同时项目方寻求适合的投资者，双方都需要付出较大的机会成本。通常投资者获取项目的方式包括网络查询、陌生拜访或是通过熟人介绍，这些方式的辐射范围小，项目筛选效率不高。通过利用大数据和人工智能技术构建投资者和项目方对接的生态体系，可将项目按照行业特征、地域等方式进行分类，为投资者贴上投资领域、投资规模等特征标签，实现双方智能匹配，同时可以为双方搭建交流的渠道，减弱信息的不对称性。除了展示和搜寻功能，投资者还可以通过设置投资方向、目标企业发展阶段等标签的功能对数据库中的企业信息更新状况实时监测。类似的平台现在有烯牛数据、易项优选等。

从投资者需求的角度出发，大数据和人工智能辅助投资决策的应用场景可分为智能投顾和智能投研。

一般来说，对目标企业所处行业进行研究，既需要具有时效性（数据要新），也需要具有全面性（对行业内的参与者、最新技术和动态都尽可能地全面掌握）。在研究过程中，研究员需要通过各类搜索引擎、公开信息披露网站、Wind 或 Choice 等数据库获取相关内容，需要阅读大量的资料来摘取有价值的信息，在信息搜索工作中耗费大量的时间和精力。在分析过程中，研究员主要依据个人经验手动完成报告的撰写。不同的公司之间、同一公司的不同部门之间，甚至是同部门的不同工作小组之间，都在重复做着行业研究这项工作。

现在很多创业者都尝试着去汇总和整合市场上对行业和企业的研究成果，试图打破数据的“孤岛”效应。一些创业公司正在探索通过智能搜索的方式，通过对各大券商、私募机构的企业研究、行业分析等报告中的数据进行抓取，依靠搭建的知识图谱完成对事件的因果分析，自动生成符合各类投资者个性化需求的报告。迄今为止，由于智能投研产品的受众专业化程度较高，用户对智能投研产品功能和产品质量的要求较高，因此对智能投研产品的提供者提出了较高要求。智能投研行业的创业公司要想有效占据市场、树立品牌形象，就需前期投入较高成本以保证产品的专业化程度、市场推广的深度和广度。

投资顾问的主要职责是通过用户访谈、调查问卷等形式深入了解客户的风险承受水平、预期收益和投资风格，依据不同客户的风险偏好，为用户配置合适的资产组合。由于受人力成本和精力、自身能力的限制，投资顾问往往会收取一定的管理费用，因此投顾行业主要关注高净值的客户。而且由于无法克服人性的弱点，投顾人员给出的投资组合往往集中于他们自身熟悉的某一个市场板块，存在较大的风险。智能投顾则依赖模型及算法来完成对客户风险承受水平和投资偏好的预估，用机器代替了大量的人工劳动，降低了综合成本，使费率大幅下降。同时可以有效避免主观性，为客户提供分散程度高、资产配置范围广、风险相对较小的投资配置。因此，智能投顾产品的客户覆盖面更广。

目前，众多公司都推出了自己的智能投顾产品，如美国的Betterment、中国的同花顺等公司。但目前我国在智能投顾业务运营许可方面的政策尚不明晰，业务能否正常开展尚处于法律边缘。未来一旦开放相关许可，那么在技术上领先，同时拥有优势客户资源的综合性平台将在智能投顾行业中处于优势地位。

综上所述，大数据和人工智能并非是孤立的行业，而是会在各个维度与其他行业进行交叉融合，大数据的魅力就在于此，可以创造出许多解决其他行业痛点的应用场景。在数据安全与数据伦理方面，需注意数据的开发、使用和流通必须在符合法律规定的框架下进行。2018 年 3 月，《人民日报》刊登的一篇文章就指出，“在大数据热中也需要冷思考，特别是正确认识和应对大数据技术带来的伦理问题，以更好地趋利避害”。

（四）大数据与人工智能时代的企业画像

企业画像，即企业信息标签化，是在收集和分析企业的工商登记信息、经营信息、信用信息及其他主要信息的数据后，完整地抽象出一个企业的商业全貌。建设企业画像的重点是给企业打“标签”，标签通常是业界通用的高度精练的特征标识，企业相关重要标签包括企业经营状况、企业关系图谱、企业信用状况、企业主题属性等。将企业的所有标签综合来看，就可以勾勒出该企业的多维“画像”了。在大数据与人工智能时代，通过利用相关技术处理获取包括企业的工商登记信息、经营信息、财务信息、舆情信息以及信用信息等多个维度信息素材，可以构建企业画像。

我们通过对一些利用大数据和人工智能技术，为政府相关部门、投资机构等提供企业大数据智能监控分析系统的金融科技企业的研究发现，这些企业大数据智能监控分析系统，大多是通过整合企业多维度数据信息，集成专家经验和业务规则形成智能规则，并利用智能规则和人工智能算法建立分析模型，从而构建企业画像。通过这些企业大数据智能监控分析系统可以实现对目标企业实时监测、风险预警等功能。

下面将重点探讨在企业画像中企业投资关系图谱的基础上，进行投资利益体社区挖掘方向的相关问题。

在传统的电信网络中，存在以电话和短信为连接方式的通信关系，对该关系网络进行分析有助于挖掘可能存在的社交团体；在以QQ、微信、微博等为代表的社交关系网络和以淘宝、天猫、京东等为代表的商品交易关系网络中，也存在相应的社区团体；在投资者、股东、企业之间也存在股权及投资关系，对该关系网络进行分析有助于挖掘可能存在的利益共同体。

近年来，复杂网络的研究分析在计算机科学、物理学及生物学等领域都产生了深远的意义和影响。社区发现问题是复杂网络科学中较为常见的经典问题之一，在很多行业都有着非常广泛的应用，本书将其引入投资领域来。一般来说，社区发现的算法有 GN 算法、标签传播算法及 FastUnfolding 算法等，下面将重点介绍 FastUnfolding 算法。

在以往的实践中，人们发现 GN 算法和标签传播算法在稳定性或效率上不太理想，所以我们选择 FastUnfolding 算法来解决社区发现问题。用社区发现算法解决社区发现问题，需要明确社区聚合的优化程度，故引入使社交网络中模块度最大化的目标优化函数 Modularity 函数，并采用 FastUnfolding 算法优化该函数，使 Modularity 值达到最大化。

1. Modularity 函数

该目标函数是为了优化社区发现时的整体模块性数值，使该数值达到最大化。通俗地讲，一个大社区划分为多个子社区之后，如果每个子社区内部节点联系越紧密，且子社区与子社区之间的节点联系越稀疏，则大社区整体模块性越高。该模块性的 Modularity 函数定义为

$$MaxQ = \frac{1}{2m}\sum\left[A_{i,j} - \frac{k_i k_j}{2m}\right]\delta(c_i, c_j) \tag{1-1}$$

其中 $m = \frac{1}{2}\sum_{i,j}A_{i,j}$ 为该大社区网络中所有边的权重，i、j 为整体大社区中的任意两个不同的节点，$A_{i,j}$ 表示节点 i 与节点 j 之间边的权重；k_i 表示连接到节点 i 的所有边的权重之和；k_j 表示连接到节点 j 的所有边的权重之和；c_i 表示当前节点 i 归属的子社区；c_j 表示当前节点 j 归属的子社区；而当 $c_i = c_j$ 时，函数 δ（c_i，c_j）的值为 1，否则为 0。当 $c_i = c_j$ 时，则函数可简化为

$$Q = \sum_c\left[\frac{\sum_{in}}{2m} - \left(\frac{\sum_{tot}}{2m}\right)^2\right] \tag{1-2}$$

其中，$\sum_{in}$ 表示子社区 c 内部的边数，$\sum_{tot}$ 表示子社区 c 所有节点的度数之和。对比式（1-1），式（1-2）少了判断两个节点是否属于同一个社区的 δ（c_i，c_j）函数，这种简化能减少相应的计算量。

2. FastUnfolding 算法

为了优化模块度最大化的目标函数，引入 FastUnfolding 算法，该算法的具体步骤如下：

第一步，初始化，将所有节点划分在不同的子社区中。

第二步，逐一选择各个节点，如果将某一节点划分到它的邻居子社区中，则可以根据式（1-3）计算得到模块度增益值。如果大社区整体划分中的最大增益值大于 0，则将该划分中的变化节点划分到其

对应的邻居社区。否则，保持归属于原社区。

模块度增益

$$\Delta Q = \left[\frac{\sum_{in} + k_{i,in}}{2m} - \left(\frac{\sum_{tot} + k_i}{2m}\right)^2\right] - \left[\frac{\sum_{in}}{2m} - \left(\frac{\sum_{tot}}{2m}\right)^2 - \left(\frac{k_i}{2m}\right)^2\right] \tag{1-3}$$

第三步，重复第二步，直到所有节点所属社区不再发生变化。

第四步，构建新图。新图中的节点代表第三步中产生的每个社区，新图中边的权重为第三步中相应两个社区之间所有节点对的边权重之和。循环执行第二步和第三步，直到社区结构不再改变为止，从而获得最大的模块度值。

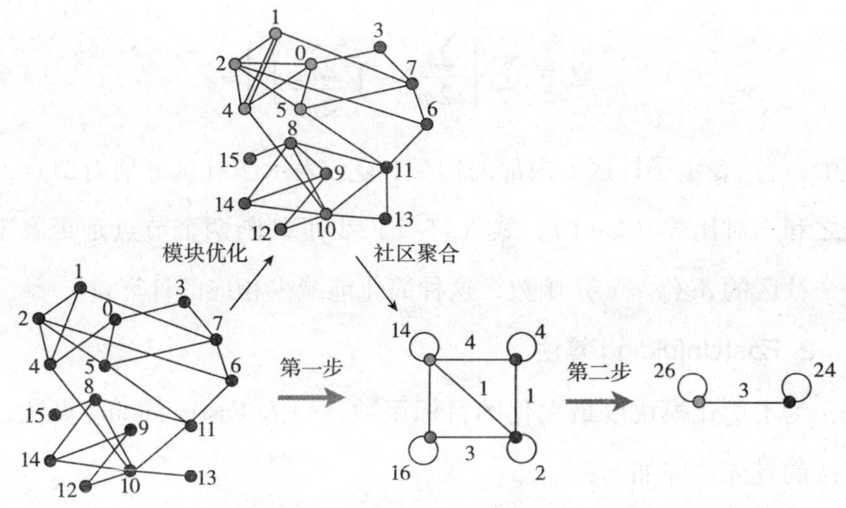

图 1-2 FastUnfolding 算法

可以采用 GraphX、Neo4J 等图关系分析工具，应用上述算法对关系社区进行挖掘分析。感兴趣的读者可以阅读相关文献资料进行深入研究。

第二章

了解公司所处行业的基本情况

一、行业监管体系、主要法律法规及相关产业政策

国家通过经济手段、法律手段及行政手段实现对经济的宏观调控目的，其中经济手段是国家宏观调控的主要手段，包括经济计划和经济政策。经济计划是国家为了发展经济而制定的关于经济活动的规划和方案。经济政策主要包括财政政策、货币政策、产业政策等，这些政策必然会影响到行业的发展，甚至能够起到关键性作用，从而对整体经济运行产生重大影响。

政府主要通过产业政策来实现对行业的管理和调控，行业的发展受到行业相关的法律法规和行政法规等产业政策的影响。

以电子商务行业为例，我国电子商务行业的行政主管部门为中央网络安全和信息化领导小组办公室、国家互联网信息办公室、国家市场监督管理总局、商务部、工业和信息化部以及中国电子商务行业协

会，对电子商务行业的监管主要采取国家宏观调控和行业自律相结合的方式。近年来，国家对互联网以及电子商务采取鼓励和大力支持的态度，出台的一系列政策推动电子商务行业的快速发展。2005 年，《国务院办公厅关于加快电子商务发展的若干意见》（国办发〔2005〕2 号）提出促进我国电子商务发展的系列举措。2016 年 12 月，商务部、中央网信办和国家发改委制定了《电子商务“十三五”发展规划》，鼓励各行业电子商务平台创新发展，推进电子商务与传统产业深度融合，实施网络强国战略和培育经济增长新动力。2017 年 1 月，国家发改委发布的《战略性新兴产业重点产品和服务指导目录》（2016 版）将电子商务纳入该指导目录。

本书的行业分析侧重于为特定项目提供投资决策依据，如果需要分析的是某一细分行业，则不仅要分析目标企业所处大行业的市场状况，还要分析目标企业所处的细分市场情况及未来发展前景。

二、行业上下游产业状况

一方面，从行业产业链来分析，梳理行业上游、中游、下游企业之间的供给与需求关系、客户情况（客户产品的市场占有率情况、集中度情况、客户的付款能力等）、客户忠诚度、客户偏好（如客户对产品或者服务的关注点，客户最关注性能还是价格？客户喜欢选择一个供应商，还是分散到各个供应商）等。深入研究产业链相关情况，掌握上游、中游、下游各个环节参与者的关系，分析价值、供需、空间等。

另一方面，从行业价值链来分析，梳理行业价值链的每个环节，了解业务流程；分析价值链各个环节上竞争者的数量、盈利能力、市场规模等情况；梳理行业上游、中游、下游客户的价值体现及收入利润情况，发现链条上利润率最高和利润占比最高的环节。重点关注价值链上高利润领域和对整个行业有重大影响的关键环节。

三、公司所处行业市场规模及发展趋势

1. 公司所处行业的市场规模

市场规模即市场容量。首先，需要研究行业市场的范围。分析公司所处行业是世界市场、国内市场，还是区域性市场。其次，需要研究行业市场容量大小。对行业内的企业来说，市场容量大小代表行业发展空间大小。企业只有处于市场容量足够大的行业内，未来发展才会更有潜力。百亿的市场容量造就不出千亿的上市公司。最后，需要研究行业增长率。随着技术的更新换代，市场容量是动态变化的，会随着社会环境、时间与空间的变化而变化。从市场容量的变动情况可大致推出行业的平均增长率。

2. 行业发展趋势

每个行业都会经历一个从增长到衰退的过程，这个过程就是行业的生命周期。一般来说，行业在生命周期中所处的 4 个阶段依次为初创期、成长期、成熟期、衰退期。

一般而言，一个有发展前景的行业必须具备以下几个条件：

第一，行业必须符合国家产业政策导向，最好能够得到国家相关

政策的鼓励和支持，代表着未来的产业发展趋势，符合社会发展潮流。

第二，行业市场规模非常大，且有明显的增长趋势。

第三，行业进入的壁垒很高，这样一般的企业很难进入，可以减小竞争风险。

第四，行业毛利率（利润率）高，即使生产规模不是很大，也可以很赚钱。

当我们考虑行业增长的驱动因素时，可以从人口结构、技术进步等角度进行思考。行业需求是否会在长期内扩大，有没有可供参考的国际经验等问题，都需要重点关注。

四、影响行业发展的主要因素

影响行业发展的主要因素包括 5 个方面：技术进步、产业政策、产业组织创新、经济全球化、社会习惯的改变。

1. 技术进步

在科学技术日新月异的时代，理论科学转化为实际应用的进程已大大缩短。“二战”后工业发展的一个显著特点是，新技术在不断发展新行业的同时，也在不断淘汰旧行业。历史数据只能证明过去的市场需求，并不代表未来的市场需求。因此，充分了解各行业技术发展现状和趋势，对投资者来说至关重要。同时，应当注意新技术更新换代的拐点，在产业爆发前进行布局投资。

在许多技术因素中，产品的稳定性尤其重要。通过分析产品的稳定性，测试产品的性能和技术的复杂性，有助于判断产品的未来需求是否存在重大变化或者保持不变。

2. 产业政策

政府主要通过产业政策来对各行业进行管理和调控，进而影响行业的发展。只是这种行为造成的影响不同，是国家干预经济的一种方式。

一方面，政府通过补贴和税收优惠等相关政策促进行业发展。另一方面，考虑到安全、环保、市场需求等因素，政府将调整国家整体经济发展布局，对某些行业实施限制性规定，这样会增加行业负担。

3. 产业组织创新

产业组织创新是推动产业形成和产业升级的重要力量，包括持续的技术创新和服务创新。行业组织创新是行业组织获得竞争优势的过程，一些组织创新的行业，如生物医药产业，随着新技术、新产品和新型组织关系的不断涌现，可以获得超额的创新利润。

4. 经济全球化

经济全球化对各国经济发展产生重大影响，使每个行业和企业在全球范围内竞争，也使行业能够获得全球市场和资源。经济全球化会导致产业在全球范围内转移，会使一个国家的产业结构发生重大变化。分析经济全球化对产业的影响，主要是看经济全球化是否有利于该行业整合全球性资源，是否有利于该行业满足全球性的市场需求。

5. 社会习惯的改变

在当今社会，消费者和政府都在强调经济行业应当承担社会责任，也越来越关注工业化给社会造成的影响。由于社会意识的增强，许多行业已经有了明显的改变。

投资者通过互联网、政府文件等各种渠道可了解目标公司所处行业的产业政策、行业未来发展规划等信息。通过与公司管理层及员工沟通，获得公司相关业务对每次重大变化或重大事件的表现，并参考同行业相关企业发生重大事件后的影响情况，分析影响公司的不利因素及这些因素可能导致的各种结果。同时，结合对研发、生产、销售、公司治理等方面的调查，对公司的盈利能力、运营能力、管理能力和偿债能力等进行深入分析。

五、行业竞争态势及行业壁垒

1. 市场竞争态势

宏观环境分析主要运用PEST分析方法，从政策法规、经济环境、社会文化、技术革新等维度分析宏观环境对行业的影响。核心问题是与行业变化相关的一个因素变化带来的机遇或者威胁，不同的行业根据自身特点，需分析的具体内容会有所不同，可以相应地添加或删除影响因子。

微观环境分析主要运用波特五力分析模型。在行业竞争中，不仅是在原有竞争对手中进行，而且有五种基本的竞争力量：供应商的议价能力、购买者的议价能力、潜在竞争者进入的能力、替代品的替代能力、行业内竞争者现有的竞争能力。

这五种基本竞争力量的情况和综合实力，决定了行业的竞争激烈程度，从而决定了行业中最终获利潜力以及资本向本行业的流动程度，并最终决定了企业维持高收益的能力。

波特五力分析模型中，因为行业和公司的不同，每种力量的特性和重要性也不同，五种力量的不同组合变化最终影响行业利润潜力的变化。确定行业后，企业应该根据自身力量，比较五种力量来选择低成本、差异化、集中化三种策略作为竞争战略之一。

该模型的核心思想是：公司获取竞争优势的关键是公司所处行业的盈利能力（行业吸引力）和公司在行业内的相对竞争力。其中，公司外部环境分析包括宏观环境分析（政治、经济、社会、技术环境分析等）和波特五力分析模型对行业环境的分析，并通过分析外部环境，找出公司面临的机会和威胁。而公司内部环境分析包括对公司资源和能力的分析，并通过内部环境分析，了解自身的优势和劣势。通过公司外部环境分析和内部环境分析了解公司目前竞争格局形成的原因是什么，未来可能会朝哪个方向发展。

2. 行业壁垒

行业壁垒（行业进入门槛）是新进入公司在与现有公司竞争过程中面临的不利因素，是阻碍或限制企业进入行业的障碍，主要包括技术壁垒、人力资源、政策壁垒、资金壁垒、是否有规模经济、品牌、市场拓展、客户数据壁垒、上下游业务资源壁垒等方面。

行业壁垒越强，新公司进入的难度越大，市场垄断程度越高，竞争越少。行业壁垒越弱，新公司进入越容易，市场垄断程度越低，竞争越激烈。

在任何行业中，对潜在竞争对手的行业壁垒都是现有公司所享有的竞争优势。

六、公司在行业中的竞争状况

1. 公司在行业中的竞争地位

不同行业的特征和结构有很大的差异。分析公司在行业中的竞争地位，首先要从总体上把握行业的主要经济特征，如目前行业在成长周期中所处的阶段、市场规模、市场增长率等。

不同行业竞争的主导因素会有很大的差异，我们需要重点关注以下因素：产品质量、服务、价格、品牌形象和声誉。有的行业产品质量占主导地位，有的行业品牌形象和声誉占主导地位。

一般来说，衡量公司在行业中竞争地位的主要指标包括以下几点：

（1）专业技术水平；

（2）产品的市场份额；

（3）资本与规模效益；

（4）项目的储备及新产品的开发；

（5）市场的开拓能力；

（6）行业综合排序。

公司在行业中的竞争地位决定了其盈利能力是高于还是低于行业平均水平，最重要的衡量标准是产品的市场份额。

公司在行业中的竞争地位，表现为是否为龙头企业，是否对产品价格具有影响力，是否存在竞争优势等。

2. 竞争对手

从产品、服务及市场需求等角度来分析，与目标企业提供同一类产品或服务的企业，或者与目标企业所提供的产品（或服务）具有相似性和可替代性的公司，或者与目标企业所欲满足的消费者需求具有一致性的公司，一般来说，可以认定该企业为目标企业的主要竞争对手。

因此，我们首先需要确定竞争对手的范围：是世界性的、全国性的、区域性的还是本地的？然后确定公司的主要竞争对手有哪些，不断收集、跟进竞争对手的信息，尽可能掌握竞争对手的商业动向，及其可能对目标企业产生的影响。反过来，目标企业的经营策略也可能会对竞争对手产生影响。

通过互联网、工商税务信息、访谈等来收集竞争对手的信息，建立一套收集和记录竞争对手信息的信息采集系统，以便随时调用。通过对竞争对手信息进行研究分析，再通过对比目标企业与竞争对手的经营数据和财务数据，可以了解目标企业的经营成果及财务状况存在的优势和劣势。

分析的最终目标是确定目标企业受到的竞争威胁以及存在哪些机会，并在后来的公司估值分析中量化这些潜在的威胁和机会。

此外，竞争对手们对目标企业的看法对投资决策也很重要。

3. 公司竞争优劣势

波特的“价值链”理论揭示了企业与企业之间的竞争不仅是关键环节的竞争，而且是整个价值链的竞争，整个价值链的综合竞争力决定着企业的竞争力。

上下游企业之间存在行业价值链，企业内部业务单元的联系构成了企业的价值链，企业内部业务单位之间也存在价值链关系。从整个价值链的上游和下游每个环节上来分析公司竞争的优劣势，将目标企业和竞争对手作详细比较。

无论是生产性还是服务性行业，企业的基本活动都可以通过价值链体现出来。企业在竞争中的优势，特别是能够长期保持的优势，归根结底是企业在价值链某些关键环节中的优势。企业的垄断优势来自行业中某些关键环节（核心竞争力）的垄断优势。不同的行业这些关键环节不同，同一环节在不同行业中的重要性也不同。

一般来说，竞争者优劣势主要体现在以下几个方面：

①产品和服务；

②业务资质；

③销售渠道；

④市场营销能力；

⑤生产与经营；

⑥品牌影响力以及公信力；

⑦研发能力；

⑧资金实力；

⑨人力资源；

⑩管理能力；

⑪价格；

⑫规模；

⑬技术水平。

我们可以通过互联网、工商税务信息、访谈来收集目标企业及其竞争对手的信息，通过目标企业自身实力及其与竞争对手的对比来研究分析目标企业竞争的优势和劣势。

我们也可以通过高级 SWOT 模型来分析目标企业的竞争优劣势。高级 SWOT 分析是通过分析个人、规则、加权、重视细节、等级与优先来监测公司的方法。高级 SWOT 分析的核心是通过简单的定量分析来分析企业与投资相关的比较优势，将企业的外部情况和内部条件结合起来进行分析。公司竞争优劣势分析侧重于企业本身实力及其与竞争对手的对比，而机遇和威胁的分析则侧重于外部环境的变化及其对企业造成的影响。在进行高级 SWOT 分析时，应确保要分析和比较的成分的准确性和新颖性，有必要跟踪公司不断变化的市场和竞争环境，每隔一段时间重新评估一次 SWOT，并及时进行相应的修改，对所拥有的数据和信息进行全面分析至关重要。

评估竞争对手的优势和劣势是竞争对手分析的一个重要方面。竞争对手的实力通常通过关键要素的比较来获悉，每个企业的竞争对手都可以获得资源要素，包括产品、技术、成本、管理、人力资源、资金实力等，将双方的这些资源要素逐一进行比较，从而清晰判断竞争对手的优势和劣势。

通过收集整理客户的消费偏好、客户的特点、客户的年龄结构、客户的收入水平、客户对产品的反映情况等相关信息，可以更好地了解目标企业和竞争对手在行业中所处的位置。

4. 公司采取的竞争策略和应对措施

对于企业而言，如何选择基本竞争战略是赢得成功的关键。为了制定科学的竞争战略，企业必须先了解竞争对手当前采用的战略。竞争对手的战略可以通过竞争对手的市场行为信息体现出来，也可以通过其他方式来了解。

一般来说，公司为参与竞争而采取的主要策略为成本领先战略、差异化战略和专业化战略。

以采用成本领先战略的公司为例，企业在选择竞争策略时通常应考虑以下因素：

（1）管理者应高度重视成本控制，确保生产、销售等各个环节总成本低于竞争对手。为了获得极低的总成本优势，企业往往需要具有较高的市场份额或其他优势（如与原材料供应商的良好关系）。一旦企业获得“低”成本的优势，较高的利润就可以使他们再投资于新设备以保持其在成本方面的领先地位。这种再投资是企业长期保持成本优势的重要条件。

（2）公司通常专注于降低成本，同时忽略客户需求的变化，而技术变革则可能导致客户需求发生根本变化。

（3）公司主要通过低价来保持竞争优势，一旦行业中存在差异化竞争者，企业降价的竞争优势必然会大大降低其利润空间，从而影响其可持续性发展能力。

目标企业应结合自身情况，充分利用自身优势，采取适合自身的竞争战略，提升核心竞争力，建立竞争优势。

5. 可比公司情况

包括国内上市公司（主板、中小板、创业板、科创板）可比公司情况以及国外（纽交所、纳斯达克等）可比上市公司情况，对可比公司市场份额、市场排名、业务收并购情况、营收项目拆分占比、营业利润等相关情况进行分析。此外，还要对可比公司的主要优势及劣势进行分析。

第三章

公司分析

对于投资分析，一般采用行业到公司自上而下的分析，建立企业分析的基本框架。通常情况下，沿着企业基本情况、技术分析、市场分析、财务分析、盈利预测、企业投资收益预测几个方面展开分析。

一、企业基本情况

（一）历史沿革

企业设立后，会经历各种改制、融资、股东变更、名称变更、经营范围变更、董事、监事、高级管理人员变动、重大对外投资、资本市场对接等历史情况。重大事件按时间先后排序，是企业重要的发展脉络。从中可以了解企业主要的发展历程、发展规划、发展关键节点、业务发展变化及资本运作思路等。

在历史沿革中，出资部分最容易出现瑕疵，所以应多多关注以下问题。

1. 股东出资问题

出资瑕疵可以分为两类：一类是出资不实；另一类是出资程序瑕疵。

出资不实问题有以下几类情况：

①未完成出资的两种情况：一是以土地、房产、知识产权等非货币资产出资但未办理财产转移手续，所有权未实际转移；二是要关注出资涉及资产的最终使用状态。虽然土地、房产、知识产权办理了变更手续，但原所有人依然实际掌控或使用，不能称为完成出资。

②股东实际出资金额小于评估报告、验资报告、出资协议及公司章程约定的金额。

③ 用职务发明出资（所有权实际归属于公司）。

④约定时间内注册资金不到位或迟延。

⑤虚评资产出资。

⑥股东以同一资产重复出资。

⑦出资后抽逃出资。

⑧改制前出资不实，整体改制后依然需要补足。

⑨以不能出资的方式出资，如社会关系、专业背景等。

⑩对于某些股东，应关注出资人的资金来源。如股东年龄很小且无工作履历，或不具备资金实力的人员进行大额投资，是否存在代持等。

出资程序瑕疵点通常有以下几类情况：

① 非货币出资没有经过评估。

②在取消验资规定之前，出资没有经过验资。

③短期内增资价格差距较大且无合理解释。短期，一般指半年内，但是具体企业需具体分析。例如，发展日新月异的公司，间隔 3 月增资价格就可能不同，只要存在真实合理的理由即可。

④同次增资价格存在较大差异且无合理解释。同时期进入公司的股东，有的是按照公允价值增资，有的存在股份支付情况，价格可能会不同，这种情况就需要有合理的解释。

2. 判断出资瑕疵程度的考虑因素

对于出资瑕疵，在权衡严重性时应从以下几个方面予以考虑：

①出资不实占当时注册资本的比重。

②是否事后已经弥补。

③是否构成重大违法行为。

④关注其他股东、债权人是否有异议、纠纷。

⑤股东是否为出资不实的行为负责。

历史沿革中除关注出资问题外，还应该关注红筹架构及 VIE 问题。随着科创板的创立，将会有越来越多的企业从境外回归 A 股市场，这将涉及红筹架构及 VIE 模式相关问题。目前境内资本市场除科创板的 A 股上市公司外，其他板块挂牌上市公司还不能采取协议控制架构。

《公开发行证券的公司信息披露内容与格式准则第 41 号——科创板公司招股说明书》第四十八条规定：发行人存在协议控制架构的，

应披露协议控制架构的具体安排，包括协议控制架构涉及的各方法律主体的基本情况、主要合同的核心条款等。因此了解这类架构，有利于投资者发现风险并核查风险。

红筹架构是指中国境内的公司（不包含港澳台）在境外（通常在开曼、百慕大或英属维尔京群岛等地）设立离岸公司，然后将境内公司的资产注入或转移至境外公司，实现境外控股公司海外资本市场上市融资的目的。而VIE模式是红筹架构的一种演变。VIE（Variable Interest Entity），即可变利益实体，又称协议控制，是指境外注册的上市实体与境内的业务运营实体相分离，境外的上市实体通过协议的方式控制境内的业务实体。境内公司采用VIE方式实现境外融资或上市的原因主要是：境内产业政策对于外资的限制或禁止；境内上市对企业资产、盈利要求高；境内上市政策不确定性和长周期等。对于VIE企业，可能涉及的法律关注点有以下几点：

①设立VIE企业履行的审批程序。

②境外IPO及其他融资资金回境内投资的审批程序。

③外汇、人民币出入境履行的审批程序。

④境内外企业利润转移的合法性。

⑤拆除过程操作的合法性、拆除VIE进度。拆除VIE主要是指将发行人的实际控制权由境外转回境内，即实际控制人由原通过境外公司控制发行人，调整为直接持有发行人股权或通过境内持股主体控制发行人。

⑥关注已注销公司在运行时的合法合规性，关注已注销公司曾经

是否为成本或费用中心，是否存在责任延续的问题等。

⑦股权代持问题。VIE 公司若存在股权代持，则需要将代持股权还原到真实股东，还需要关注代持原因，是否涉及被代持人身份不合法而不能显名持股情况、被代持人出资的资金来源、被代持人是否真实出资、代持关系解除是否会对业务产生不利影响等。

⑧税收问题。切断境内 VIE 公司和境外 VIE 公司的协议控制。一般情况下，境内 VIE 公司的留存利润会比之前高很多，因为解除协议控制之前境内 VIE 公司的大部分利润转移到了境外 VIE 公司。切断境内外公司的协议控制，境内公司的高利润可能会引起税务部门关注以往年度利润转移的问题。

综上所述，关于 VIE 公司关注问题可总结为四大类：搭建 VIE 时的法律问题；拆除 VIE 的法律问题；私有化退市时的进度及时间问题；回归境内资本市场的法律问题。

（二）股权结构

股权结构具体包括股本（资本）总额、企业股权集中度、前五名或前十名股东及其持股比例、股权构成、大股东及主要控股方等。此外，还要关注控股股东、实际控制人及一致行动人。

1. 股权集中度

股权集中度即前五大股东持股比例。股权结构有三种类型：

一是股权高度集中，绝对控股股东一般拥有企业股权的 50% 以上，对企业拥有绝对控制权。

二是股权高度分散，企业没有大股东，所有权与经营权基本完全分离，单个股东所持股份的比例在10%以下。

三是企业拥有股份弱优势的控股股东，同时还拥有其他大股东，所持股份比例为10%～50%。

2. 前十名股东及其持股比例

一方面关注前十大股东背景；另一方面关注前十大股东的股份（或出资）增减变化。如为上市公司，关注财务投资性质股东的持股成本及解禁时间。

3. 股权构成

通过国家股东、法人股东、机构股东及社会公众股东的持股情况考察企业股权结构，分辨股东相对力量强弱。关注是否有具备影响力较大、声誉较好的股东，因为这些股东在某些方面能够为企业提供业务协同。

4. 企业自设立以来的股权变化情况

企业股东变化和原有股东退出情况。若有退出则分析是否存在不利于经营的重大因素。在这里要特别注意国有股转让问题。一般来说，国有股转让有以下八个步骤：

①初步审批；

②资产核资；

③审计评估；

④内部决策；

⑤挂牌交易；

⑥签订协议；

⑦审批备案；

⑧登记变更。

对于企业股东有国有股或集体股情形，投资者在投资前应重点核查以下要点：

①国有股权的设置批复（包括出资时和变动后），国有股转让是否取得了合法批准。

②转让价格是否公允，需要关注价格、评估批文、款项来源、支付情况等。

③重大问题需要经过有关部门确认。

部分企业股东中有国有股和集体股，其来源于企业改制。在改制过程中，对于国有股和集体股，应关注的点有：

①改制前的历史沿革、组织机构、决策机制、利润分配方式。

②改制过程中的债务处理方案。

③改制过程中资产或者股权受让价格依据。

④改制过程中如需要资金，其资金来源途径及性质。

⑤改制时的职工安排，关注养老、社保等问题。

5. 股份质押、冻结情况

关注目标企业股份是否存在质押、冻结情况。

6. 特别表决权股份或类似安排

随着科创板的兴起，目标企业中部分公司股权可能存在特别表决权股份或类似的安排，应关注相关安排的基本情况，包括此种情况下的股东大会表决安排、运行期限、特殊表决股份持有人资格、普通股份与特殊表决股份数量、特殊表决股份表决的事项范围、特殊表决权股份转让权限等，同时分析特殊表决股份对公司治理的影响。

7. 协议控制架构下的股权结构

科创板是允许存在协议控制架构的。目标企业中如果存在协议控制架构，则关注架构的具体安排，包括架构中各方法律主体的基本情况，主要核心条款，利润分配机制，纠纷解决机制等。

（三）股权代持及清理情况

目标企业应股权清晰，不存在重大权属纠纷。股权代持的风险有以下几类情况：

（1）影响目标企业股权的清晰度。

（2）在股权代持协议下，目标企业容易存在利益输送等问题。如隐名股东是目标企业的主要客户或供应商时，会导致利益流出。

（3）股权受托人易出现道德风险。受托人代替委托人行使表决权、分红权等权利，如没有良好的监督机制，易出现道德风险，并因此产生法律纠纷，影响股权稳定性。

（4）受托人存在到期不能清偿债务情形时，其代持股份可能会面临法院查封。因此，根据实践经验，委托持股须在投资前梳理清楚，最好还原为本人持股。

股权代持应注意以下问题：

（1）股权代持情况是否真实存在。

（2）被代持人是否真实出资，出资的程序是否合法，出资是否足额，关注出资的来源是否合法。

（3）是否存在因被代持人身份不合法而不能直接持股的情况。

（4）代持解除是否彻底。

（5）解除代持是否会影响公司实际控制人的判定，进而影响经营团队和核心技术团队的士气。

（四）关联关系

关联关系是指企业控股股东、实际控制人、董事、监事、高级管理人员与其直接或者间接控制的企业之间的关系，以及可能导致企业利益转移的其他关系。

目前，关联方及关联关系的认定存在不同的口径，具体如表3－1所示：

表3－1　关联关系的认定口径

类型	深圳证券交易所股票上市规则	证监会上市公司信息披露管理办法
关联交易	上市公司或者其控股子公司与上市公司关联人之间发生的转移资源或者义务的事项	上市公司或者其控股子公司与上市公司关联人之间发生的转移资源或者义务的事项
关联方	关联人包括关联法人和关联自然人	关联人包括关联法人和关联自然人
母公司	直接或者间接控制上市公司的法人或其他组织	直接或者间接地控制上市公司的法人
同被控制的兄弟公司	由前项所述法人直接或者间接控制的除上市公司及其控股子公司以外的法人或其他组织	由前项所述法人直接或者间接控制的除上市公司及其控股子公司以外的法人
被关联自然人控制的公司	上市公司的关联自然人直接或者间接控制的或者担任董事、高级管理人员的，除上市公司及其控股子公司以外的法人或其他组织	关联自然人直接或者间接控制的或者担任董事、高级管理人员的，除上市公司及其控股子公司以外的法人
法人股东	持有上市公司5%以上股份的法人或者一致行动人	持有上市公司5%以上股份的法人或者一致行动人

续表

类型	深圳证券交易所股票上市规则	证监会上市公司信息披露管理办法
自然人股东	直接或间接持有上市公司5%以上股份的自然人	直接或者间接持有上市公司5%以上股份的自然人
目标企业高管	上市公司董事、监事及高级管理人员	上市公司董事、监事及高级管理人员
母公司高管	直接或间接地控制上市公司的法人的董事、监事及高级管理人员	直接或者间接地控制上市公司的法人的董事、监事及高级管理人员
股东和目标企业高管的亲属	直接或间接持有上市公司5%以上股份的自然人和上市公司董事、监事及高级管理人员的关系密切的家庭成员，包括配偶、父母及配偶的父母、兄弟姐妹及其配偶、配偶的兄弟姐妹、年满18周岁的子女及其配偶和子女配偶的父母	直接或间接持有上市公司5%以上股份的自然人和上市公司董事、监事及高级管理人员关系密切的家庭成员，包括配偶、父母、年满18周岁的子女及其配偶、兄弟姐妹及其配偶，配偶的父母、兄弟姐妹，子女配偶的父母
保底条款	根据实质重于形式的原则认定的其他与上市公司有特殊关系，可能造成上市公司对其利益倾斜的法人和自然人	根据实质重于形式的原则认定的其他与上市公司有特殊关系，可能造成上市公司对其利益倾斜的法人和自然人
时效条款	在过去12个月内或者根据相关协议安排在未来12个月内，存在上述情形之一的	在过去12个月内或者根据相关协议安排在未来12个月内，存在上述情形之一的
其他	受同一国有资产管理机构控制而形成兄弟公司的，不因此构成关联关系，但该法人的董事长、总经理或者半数以上的董事是上市公司董事、监事及高级管理人员的除外	（除本条外，上市规则和信息披露指引规定是一样的）
公司法	关联关系，是指公司控股股东、实际控制人、董事、监事、高级管理人员与其直接或者间接控制的企业之间的关系，以及可能导致公司利益转移的其他关系。但是，国家控股的企业之间不仅因为同受国家控股而具有关联关系（侧重于股东、实际控制人、董事、监事、高级管理人员的责任）	
税收征管法实施细则	关联企业，是指有下列关系之一的公司、企业和其他经济组织：1. 在资金、经营、购销等方面，存在直接或者间接的拥有或者控制关系；2. 直接或者间接地同为第三者所拥有或者控制；3. 在利益上具有相关联的其他关系	
结论	深交所上市规则和证监会披露办法对于关联方的规定一致。会计准则（本表格没有比较）规定的关联方稍有差别。公司法、税收征管法实施细则过于笼统	

尽职调查团队可以根据以上标准认真梳理关联方，从而核查关联交易，确保其真实、合理、必要。然而，关联方核查过程中容易漏查，从而导致关联交易非关联化，进而使利润真实性存疑。所以，在进行关联方认定时不能过于形式化、机械化，在合法合规的前提下，更应该关注交易的合理性和必要性。

（五）大股东及主要控股方

1. 控股股东基本情况

控股股东是指其出资额占有限责任公司资本总额50%以上或者其持有股份占股份有限公司股本总额50%以上的股东；出资额或者持有股份比例虽然不足50%，但依其出资额或者持有股份所享有的表决权已足以对股东会、股东大会的决议产生重大影响的股东。

2. 实际控制人基本情况

实际控制人是指虽不是公司的股东，但通过投资关系、协议或者其他安排，能够实际支配公司行为的人。需关注实际控制人旗下其他的产业投资，并评估其对目标企业的影响，包括但不限于实际控制人大额投资项目、与目标企业业务可能存在的关联关系或同业竞争等。

实际控制人对公司至关重要，其商业格局、战略眼光、思维以及行为会对企业发展产生指导性乃至决定性作用，所以认定企业实际控制人至关重要。

3. 特殊股权结构下控股股东和实际控制人认定

要特别关注以下特殊股权结构，这会影响控股股东和实际控制人的认定：

（1）共同控制。

共同控制是指一个人的股权和控制力不足以控制这个企业，需要与其他人一起共同控制企业，常见的共同控制是通过一致行动协议加以实现。我们应从以下方面判断是否为真正的共同控制：

①重大决策从未出现分歧。投资者应根据股东（大）会、董事会决议，董事、高级管理人员提名，日常决策等细节进行判定。

②可预见的未来控制权能否保持稳定。

③控制权安排是否有利于公司发展。

（2）大股东持股30%左右的情况。

如果一个股东持有公司股权超过51%，则我们一般认定这个股东实际控制了公司；如果超过了67%，则达到了绝对控股。但持股在30%左右可能会存在很多种情况：

①一股独大，持有30%股权且是公司的原始创始人，而其他股东持股比例非常分散，如都小于5%，且这些小股东不存在任何一致行动的协议或者情形。在这种情况下，认定这个股东是实际控制人是合理的。现实中这样的例子有很多，如很多上市公司的第一大股东持股在30%左右，其他股东持股比例都不大。

②一个股东持股30%，另有两个股东各持股20%，其余都是小股东。两个持股20%的股东联合则可以控制公司，在这种情况下，持股30%的股东不一定是公司的实际控制人，那么如何判断实际控制人，则要具体分析公司章程约定及董事会席位的安排。例如，董事会共5人，持股30%的股东可以提名3人，则将持股30%的股东认定实际控

制人就是合适的。

③更加极端的情形：三个股东分别持有1/3的股权。如果认定其中任何一个股东为实际控制人都会有问题，一般会建议将其中的两个（最好是全部）认定为共同实际控制人。例如，夫妻二人各持有1/3的股份，第三人持股1/3，一般会认定夫妻二人是实际控制人。如果一家三口每人持股1/3，一般会认定这三人全部为实际控制人。如果股东范围超越了家庭关系成员等范围，则要具体情况具体分析。

（3）无实际控制人。

若股权较分散，不一定要认定实际控制人，股权结构相对稳定条件下可以界定为无实际控制人。

但是，无实际控制人的公司可能会导致控股权不稳定，股东意见分歧则会影响企业经营，造成决策效率延缓。最典型的无实际控制人条款如超过一定股份的股东均有一票否决权。现实中这样的股权及投票权设置也不少，最后结果经常是各股东把一票否决权发挥到了极致，企业任何决策都通过不了，丧失了很多商业机会和机遇。也有部分企业无实际控制人，但是运行良好。比如部分商业银行，其日常经营管理受国家法律、法规的严格监管，同时受中国人民银行（以下简称“央行”）和中国银行保险监督管理委员会（以下简称“银保监会”）的相关规章和规范性文件的监督管理。公司内部控制制度完备、管理体系健全，虽然无实际控制人和控股股东，但是运行良好，决策迅速。近年来，在A股上市的许多农商行都具有这种特点。

（六）组织架构

企业组织架构包括企业管理的一级、二级企业及集团组织架构。

企业组织架构不健全通常与管理缺位相伴相生，会造成资源浪费及效率下降，影响企业决策。应重点关注三会建设及下属子企业情况等，关注公司子公司之间是否存在业务交叉、资源浪费情况。

（七）公司主要产品及服务

主营业务及产品分析，包括每一细分业务近 3 年来的增长率、占比，企业明星产品以及产品发展趋势，企业服务优势与差异化水平。产品及服务是企业发展的立足根本，决定了企业在市场上的核心竞争力。

1. 主要业务板块

需要了解业务板块划分、各业务板块收入占比、成本占比、利润率，还得了解各业务板块间的联系和协同等。

2. 企业产品和服务的盈利模式

主要关注企业产品和服务方面是否有独特性和新颖性，是否解决了市场需求痛点，是否可被轻易模仿和复制，是否具有竞争壁垒等。同时，还得关注企业关键价值渠道信息，是否太依赖其他合作方；产品和服务的市场竞争格局也是关注要点，要定期分析竞争对手的产品和服务以及变革方向。

（八）企业收入及成本情况

1. 业务收入的构成及主要产品的规模情况

了解企业的收入构成及主要产品规模，重点需要关注以下几方面：目标企业营业收入，尤其是主营业务收入的构成与变动原因；关注目标企业产品或服务的类别、分布及其收入占比；关注目标企业收入季节性波动原因；关注收入与成本之间的匹配性及变化趋势；关注目标企业与行业整体情况是否存在明显差异及探究差异产生的原因。

2. 主要客户情况

通过调查目标企业客户的基本情况，可知目标企业市场需求是否有稳定的客户群体或基础；对目标企业主要产品客户黏性进行分析，可知悉其客户的忠诚度、获取客户的渠道及成本优势；了解目标企业的主要客户收入、利润占比，判断是否存在关键客户依赖情况，从而知悉是否具备可持续发展能力；了解目标企业对前十大客户的销售额占年度总销售额比例及回款情况，可知悉企业的回款速度、产品竞争力。

3. 主要供应商情况

通过与供应商沟通，了解目标企业主要原材料市场供应情况，知悉目标企业的付款速度，从而判断目标企业的现金流情况；了解最近三年主要供应商的采购金额及采购比例，判断是否存在供应商依赖；了解目标企业是否对重要原材料供应商有其他备选安排，供应商是否为长期合作，原材料供应（包括价格和数量）是否稳定。

4. 报告期内的重大业务合同及履行情况

核查数额较大的重要销售、采购合同，重点关注目标企业是否以参股或借款的形式参与客户、供应商的项目运作，或者存在其他重要的担保、抵押、租赁等事项。

5. 各项成本的构成及变动情况

关注目标企业营业成本构成及变动原因、原材料等价格变动对营业成本的影响、企业毛利构成；关注目标企业销售费用、管理费用、研发费用、财务费用的主要构成及变动原因。

（九）企业员工结构

1. 管理团队

企业核心管理团队履历对企业的发展至关重要，如学历、专业、职称、主要业务经历及实际负责业务情况。如果实际控制人或者团队是持续创业者，则尤其要关注其过往创业业绩及沉浮经验。关注是否有激励约束机制、期权池或高管持股等措施；核查公司董事、监事、高管人员简历及诚信情况，通过各种渠道了解核心团队是否有不良行为，如酗酒、赌博、高额负债等。

2. 技术团队

关注技术性员工占比，是否有相关专家（包括但不限于院士、行业顶尖专家等），以及对专家的激励情况；关注目标企业核心技术人员、研发人员占员工总数的比例，核心技术人员的学历背景构成，重要科研成果和获得奖项情况；关注目标企业对核心技术人员实施的约束激励措施，核心技术人员的主要变动情况及对企业的影响，企业的创新机制、技术储备等。

（十）发展规划

了解目标企业对未来 1～3 年主要业务定位及发展规划，查看过往企业制定业务规划的完成情况。据此判断企业主业发展路径，企业对市场敏感性和趋势的把握能力。

（十一）重点项目

关注重点项目的可行性及其与拟投资项目现有业务、核心技术之间的关系；关注重点项目的资金来源、施工进度、项目审批、核准或备案程序及环保。

二、公司治理

（一）公司治理制度的建立健全及运行情况

包括三会的建立健全及运行情况，是否按照《公司法》等法律法规要求建立股东大会、董事会和监事会，完善公司治理结构，健全三会相关制度及议事规则等。治理制度的生命力不在于是否装订成册，而在于是否执行到位。

（二）管理制度建设情况

包括对企业管理活动制度安排，如职能部门划分及职能分工，岗位说明、生产经营制度等。

（三）公司及其控股股东、实际控制人最近三年及一期违法违规情况

公司及其控股股东、实际控制人是否存在违法违规行为或者是否受过处罚，深究其原因。

（四）企业独立运营情况

1. 资产独立情况

企业资产应独立完整、权属清晰。控股股东、实际控制人应与企

业资产分离且互相独立。这些资产包括无形资产、资质、固定资产等。无形资产是指企业拥有或者控制的没有实物形态的可辨认非货币性资产，如专利权、商标权等。资质证书包括营业执照、机构代码证等必备证件及相关部门颁发的资质证。固定资产是指企业为生产产品、提供劳务、出租或者经营管理而持有的、使用时间超过12个月的、价值达到一定标准的非货币性资产，包括房屋、建筑物、机器、机械、运输工具以及其他与生产经营活动有关的设备、器具、工具等。

此处应该关注以下几点：

①产权的独立性，资产能否基本上独立支撑业务。

②核心技术或者核心专利、商标、著作权的权属性，是否存在重大依赖情形。

③知识产权是否为职务发明。

④资产是否存在重大诉讼。

⑤知识产权保护是否完善。

2. 人员独立情况

企业高级管理人员不应在控股股东、实际控制人及其控制的其他企业中担任除董事、监事以外的其他职务，不得在控股股东、实际控制人控制的企业领取薪酬。财务人员不应在控股股东、实际控制人及其控制的其他企业兼职。

3. 财务独立情况

企业应当建立独立的财务核算体系，能够独立做出财务决策，具有规范财务会计制度和分、子公司的财务制度。企业不得与控股股东、实际控制人及其控制的其他企业共用银行账户。企业的财务决策和资金使用不受控股股东的干预。

4. 机构独立情况

独立行使经营管理职权，与控股股东、实际控制人及其控制的其他企业间不得有机构混同的情形。控股股东、实际控制人不得与企业共用原材料采购、产品销售系统，也不得通过共用机构和人员以提案权、表决权以外的方式对董事会、监事会和其他机构进行限制或施加不正当影响。

5. 业务独立情况

实际控制人控制的其他企业不应当经营同种业务，以免造成同业竞争。与目标企业业务密切的关联公司，受同一实际控制人控制且作为目标企业主要供应商、客户的公司，应该以吸收、合并、业务剥离等方式进行整合，以保持业务的完整性和独立性，也能避免金额巨大的关联交易及利益输送。

（五）同业竞争情况

1. 企业与控股股东、实际控制人及其控制的其他企业之间同业竞争情况

同业竞争是指企业所从事的业务与其控股股东、实际控制人及其所控制的企业所从事的业务相同或近似，双方构成或可能构成直接或间接的竞争关系。目标企业的业务应当独立于控股股东、实际控制人及其控制的其他企业，与控股股东、实际控制人及其控制的其他企业之间不存在同业竞争。调查目标企业和关联方是否存在经营相同或类似产品的情况。重点关注是否存在直接竞争和替代关系，是否存在利益冲突和商机竞争，是否使用相同的商标、经销商、供应商、原材料、销售渠道，是否具有重叠的经营范围等。如果存在相同或近似的业务，检查双方业务在业务性质、业务区域、客户对象、产品的可替代性等方面是否存在显著差异，从而在实质上判断是否存在同业竞争或潜在的同业竞争。

2. 如果目标企业是A股拟上市企业，尤其要关注是否存在同业竞争

（1）控股股东、实际控制人控制的其他企业与上市主体是否存在同业竞争；第二大股东、第三大股东等控制的企业，如果和上市主体存在相同或相似业务，并不算同业竞争，但要关注是否存在业务的冲突。

（2）对于通过同业不竞争、地域划分或产品档次等划分来解释不存在同业竞争，中国证监会目前一般不予接受。

（3）相同或相似业务如果具有替代性，则必然是同业竞争；即使没有替代性，但共用采购、销售渠道，仍然构成同业竞争。例如，拟上市企业的大股东做女装，拟上市企业主体做男装，尽管没有替代性，但销售渠道相同，仍构成同业竞争。

（4）实际控制人近亲属从事竞争业务的问题：

①拟上市企业控股股东、实际控制人夫妻双方的直系亲属拥有的相竞争业务应认定为构成同业竞争。

②对于拟上市企业控股股东、实际控制人夫妻双方的其他亲属拥

有的相竞争业务是否构成同业竞争，应从相竞争业务相关企业的历史沿革、资产、人员、业务、技术、客户和供应商、采购和销售渠道等方面进行分析判断，如相互独立，则可认为不构成同业竞争。

③目标企业控股股东、实际控制人的其他近亲属（兄弟姐妹、祖父母、外祖父母、孙子女、外孙子女）及其控制的企业与目标企业从事相同或相似业务的，原则上认定为构成同业竞争，但目标企业能够充分证明与前述相关企业在历史沿革、资产、人员、业务、技术、财务等方面基本独立且报告期内较少交易或资金往来，销售渠道、主要客户及供应商较少重叠的除外。

④对于利用其他亲属关系，或者以解除婚姻关系为由规避同业竞争情形的，应从严把握。

⑤对于拟上市企业的控股股东、实际控制人夫妻双方的亲属拥有与拟上市企业密切相关联的业务是否影响拟上市企业的独立性及是否符合整体上市的要求，按照以下规则：拟上市企业的控股股东、实际控制人夫妻双方直系亲属拥有与拟上市企业密切相关联的业务，原则上认定为独立性存在缺陷，如果是非直系亲属之外的其他亲属拥有则按照②条规定进行分析判断。

以上是对拟上市企业同业竞争的核查。对于非拟上市企业，可通过以上关注点核查企业业务情况，如同业竞争是否会导致目标企业与竞争方之间的非公平竞争、是否会导致目标企业与竞争方之间存在利益输送、是否会导致目标企业与竞争方之间相互或者单方让渡商业机会情形，对未来发展的潜在影响等方面。当然，以上规定会随着证监会的要求而变化，但从投资者的角度来看，认真分析以上关注点，注重其背后逻辑及风险点更为重要。

（六）董事、监事、高级管理人员其他事项

（1）董事、监事、高级管理人员及其直系亲属持有公司股份情况。

核查企业董事、监事、高级管理人员及其直系亲属持有公司股份情况，知悉管理权的分散程度和决策速度。同时，企业股改，或上市之后，董事、监事、高级管理人员应按照相关规定锁定股份。

（2）董事、监事、高级管理人员之间存在亲属关系。

核查企业董事、监事、高级管理人员及核心技术人员之间存在的亲属关系，知悉企业高管之间的关系，这对家族企业来说至关重要。

（3）董事、监事、高级管理人员同公司签订重要协议或做出重要承诺。

核查企业董事、监事、高级管理人员同公司签订重要协议或做出重要承诺，是否存在隐性负债的情形。

（4）董事、监事、高级管理人员兼职情况。

核查企业董事、监事、高级管理人员兼职情况，知悉管理团队的社交圈和资源圈。

（5）董事、监事、高级管理人员的其他对外投资情况。

核查企业董事、监事、高级管理人员的对外投资情况，是否存在同业竞争等情形。

（七）近三年企业董事、监事、高级管理人员的变动情况

应关注企业近三年董事、监事、高级管理人员的变动情况。稳定的管理层及治理层，对企业长期稳定发展至关重要。企业董事、高管近几年稳定，说明企业管理层流动性较低，从侧面反映出企业经营相对良好、稳定。因此，投资者应谨慎看待管理层频繁变动的情形。

对于拟上市企业，中国证监会要求最近两年（创业板）、三年（主板、中小板）董事、高级管理人员没有发生重大不利变化。科创板要求最近两年内董事、高级管理人员及核心技术人员均没有发生重大不利变化。对于非拟上市公司，稳定的董事、高管团队也至关重要。

实践中，对于何为“重大”变化，应从质和量两个角度来判断。第一，从质的角度看，关注具体岗位的重要性，如是否为公司创始人，是否为公司核心资源的拥有者，如核心技术人员，核心销售人员，或者企业文化的创造者、领导者等。第二，从量的角度看，如果多名董事、高管离职，肯定对公司影响不好。当然，如果离职的都是独立董事，也不会影响公司的经营。

三、技术分析

1. 技术水平概况

主要考量技术水平情况，企业采用的主要技术路线，技术是否有不可替代性，壁垒高低，技术来源，核心技术指标，技术是否经过第三方权威机构的认证或检测等。

2. 主要技术分析

技术分析主要考虑产品的核心技术，关键技术指标的介绍，不同技术路线的比较和甄别，技术研发的关键点及技术优势，技术被替代的难易程度等。

3. 技术基础

了解企业的技术基础主要包括上游原材料供应是否充足，重要辅料是否国产化，生产用关键设备（产业链核心生产设备）是否需要进口；下游客户对公司产品的价格敏感性如何，主要客户资源是否长期基本稳定，新客户的拓展能力如何，客户对产品的满意度等。

4. 其他壁垒

产品是否存在其他壁垒，如地域壁垒、资源壁垒、行业壁垒等，产品应用是否需要某些特殊的条件，是否有特殊的商业模式等。

5. 未来技术发展趋势变化

识别未来技术发展趋势的变化，预计可能会出现的替代产品，分析可能代表行业发展趋势的重要事件，这些往往是趋势中的转折点，也是技术革命带来的具有“蓝海”特性的重大投资机会。

6. 企业获奖与专利情况

企业集团及下属子公司是否获得国家级大奖或列入国家重点项目，是否拥有国家级研发机构。企业拥有和申报的国内外专利情况。对于技术型企业来说，专利数量（尤其是发明专利的数量）往往能体现企业研发能力的强弱。

7. 企业资质

企业拥有的核心资质、证书、特许经营权、专营权等。

四、市场分析

1. 行业市场分析

分析所处市场情况，包括市场前景、市场容量、市场竞争格局，分析产业链上、中、下游情况及企业所处环节。

2. 国家政策

国家政策是否支持该行业，政策是否对该行业未来的发展提出了明确要求，如发展规模、年计划增长速度、产品定价等。行业是否需要相关资质（尤其关注准入类资质），行业有无财税政策优惠等。

3. 行业竞争

行业竞争包括行业集中度情况，行业中的主要竞争对手情况介绍（包括国内竞争者及国际对标企业），如市场占有率、竞争优劣势、近期发展动态等。该行业是否存在产能过剩及竞争对手扩大再生产情况，这种情况往往会对行业格局产生重大影响。

4. 订单及主要客户情况

订单及主要客户情况包括企业主要客户，前十大订单客户黏性及所占订单比重（反映公司对客户的依赖性，若存在重大依赖，则需评估客户流失风险），总体及细分市场的市场占有率、行业排名情况等。

五、盈利预测

盈利预测是指在合理的预测假设和预测基准的前提下，根据行业情况，预测公司未来盈利情况。基于过去三年生产、销售等企业全景数据，再分析本年及未来3~5年的业务发展情况，对财务会计主要指标进行预测。一般情况下，预测增速建议和行业平均增速持平，在合理逻辑的基础上预测每一部分业务情况。需要说明每一个假设的依据，“三费”预测及税率预测要符合公司现实状况，最后得出收入、利润总额、净利润及EPS预测。

盈利预测是后续投资收益预测的基础，是项目好坏评判的重要依据。盈利变好或变差、变得特别好还是特别差，对其要有方向上的清晰判断，方向的问题一定不能搞错。高质量的盈利预测建立在对企业发展脉络清晰认识的基础上，只有对企业在未来何时做何事也有了预判力，才可提前布局，获取超额收益。

六、估值方法

按照不同的分析原理和技术路线进行分类，估值方法可分为市场法、收益法和成本法三种。

1. 市场法

市场法是指依据拟评估标的主体的特性，在市场上选择同样或类似资产的交易价格作为依据，通过直接比较或间接比较的方式对拟评估标的进行评估的方法。应用市场法需具备两个前提条件：一是有活跃的市场；二是可以找到与拟评估标的相类似的近期交易作为参照物。

用市场法进行估值时，首先应该选择参照物，参照物的选择和确认关键因素是可比性，包括交易时间、交易条件及交易物的功能等；其次是选择拟评估标的与上述参照物之间的比较因素，比较因素主要包括地理位置、环境状况、营业状况、盈利能力等；再次是将拟评估标的和参照物之间比较因素的差异进行量化；最后是对比较因素的量化差异进行分析并调整，以确定最终的评估值。

常见的市场法有现行市价法、市价折扣法、价格指数法、价值比率法等。例如，我们在资本市场上常见的市盈率法和市净率法都属于市场法。市盈率是某种股票每股价格与每股收益的比率，对有限责任公司而言，根据市盈率计算企业价值的公式为：

市盈率倍数＝股权价值/净利润

市净率是指每股价格与每股净资产的比率，对有限责任公司而言，根据市净率计算企业价值的公式：

市净率＝股权价值/净资产

需注意的，对重资产类型企业，如房地产、钢铁、银行等领域的企业，比较适合使用市净率法估值。而对于科技型企业，因为大多具有轻资产型的特点，所以市净率通常较高，同行业企业往往也差异很大，可比性较弱。因此，市净率一般较少用于轻资产型企业估值。需要说明的是，对于高杠杆（高负债）企业，净资产可能为负，市净率为负数时，这个指标参考意义不大。市净率小于1，又称“破净”，意味着账面价值大于外部对其的估值。一般情况下，企业市净率随着经济变好会变大，随着经济变坏而变小。

2. 收益法

收益法是通过估测拟评估标的未来预期收益的现金流，通过折现计算来确认评估企业价值的方法，最常见的收益法为现金流折现法。

收益法的应用主要涉及三个关键因素：一是目标企业未来的预期收益；二是进行折现计算时的折现率或资本化率；三是目标企业可持续产生收益的经营时间。三个关键因素确定后，再对公司未来现金流进行折现，计算出企业的实际价值。一般情况下，若目前交易价格小于公司实际价值，则公司价值被低估；若目前交易价格大于公司实际价值，则公司价值被高估。收益法是从目标企业的获利能力角度来进行企业估值的，主要应用于轻资产类型企业的估值。

3. 成本法

成本法是指通过估测拟评估标的的重置成本，并减去各种贬值来确认被评估企业价值的方法。公式为：

评估价值 = 重置成本 – 实体性贬值 – 功能性贬值 – 经济型贬值

实体性贬值主要指有形损耗，即资产长时间使用及自然力作用导致资产物理性能下降而引起的价值贬损；功能性贬值是指由于技术进步导致的资产功能落后而引起的资产贬损；经济型贬值是指资产闲置、收益下降而引起的价值贬损。根据中国证券投资基金业协会 2018 年 3 月发布的《私募投资基金非上市股权投资估值指引（试行）》办法，在估计非上市股权的公允价值时，通常使用的成本法为净资产法。净资产法适用于企业的价值主要来源于其占有资产的情况，如重资产型的企业或者投资控股企业。此外，此方法也可以用于经营情况不佳，可能面临清算的企业。

七、企业财务情况分析

（一）财务分析概要

相较于文字而言，我们更愿意相信数字展现的事实①。财务分析是指运用特定技术和方法依托会计、报告和其他相关数据，根据不同的财务分析实施主体和目的，对企业的经营能力、盈利能力、偿付能力、增长能力等进行分析评价。财务分析的实施主体决定了财务分析目的，常见的财务分析实施主体有投资人、债权人、管理层、监管机构等。分析实施主体根据不同的财务分析目的，区分了解企业的过往，评估其现状乃至预测未来，为正确的决策提供判断依据。

常见的财务分析主体主要是投资者和债权人。投资者可分为现有股东和潜在的投资者，二者主要通过判断投资风险的大小、风险是否可控、投资能否增值、投资回报或报酬是多少等，与自己的心理预期或其他投资标的进行比较，做出是否投资或投资哪个目标企业的决定。债权人主要有银行、信托（以获取固定回报为主）等，即借钱给企业并在约定的时间或条件得到固定回报的资金主体。债权人主要考虑企业的信用评级水平、企业的偿债能力等，以决定是否批准企业的贷款申请，以及确定与贷款交易相关的期限、利率等相关交易要素。

---

① 此处所提及的数字是指财务报表中的数字是真实可靠的。事实上，很多上市公司都会或多或少地“调整”报表中的数字，如进行盈余管理。更改报表的动机有很多，如防止退市、欲配股等。所以，当报告主体的某些数字处于“门槛值”的附近时，投资者要额外注意其真实性。

财务分析有效性的前提是财务数据的真实、准确及客观公允。我国部分私营企业存在所谓的“三套账”，即应对税务部门一套账、针对银行系统一套账、对实际控制人一套账。加上部分会计师事务所实际审计行为缺乏应有的职业道德、流于形式，导致财务分析引用数据的质量存疑。由数据质量导致的分析失误不在本章的讨论范畴，仅在此提示财务数据质量对于财务分析结论有效性的重要意义。

（二）财务分析的主要内容

财务分析是对企业的基本经济活动进行解剖和分析的过程。参照财务报告现金流量表的分类，即经营活动产生的现金流量、投资活动产生的现金流量、筹资活动产生的现金流量，财务分析可以分解为经营活动分析、投资活动分析和筹资活动分析。

（1）经营活动是指企业根据自身所处的市场环境及可支配的资源状况，依据自身的发展战略而开展的生产和销售商品（或提供服务）等活动。通过对企业经营活动进行分析，可以了解企业的基本业务模式、营运能力、盈利能力及偿债能力等，发现企业经营中存在的不足，从而有针对性地进行调整。

（2）投资活动是指企业将留存利润及所筹集的资金进行资产配置的过程。投资活动可以分为两种：一种是围绕企业的主营业务，为维持和扩大生产规模而进行的再投资；另一种是企业在有闲置可用资金的前提下，根据战略规划，对新机会或新的业务领域进行的投资。分析实施主体通过对投资的前期分析，可以发现企业的低效和高效项目，并发现新的业务机会，从而降低企业财务风险，提高企业的资源利用效率和效力。

（3）筹资活动是企业根据自身生产经营活动、投资活动及调整资本结构等需要，在金融市场利用各种手段，包括直接融资或间接融资方式，有效筹措与需求相匹配的资金过程。通过筹资活动分析，可以明确企业的资金来源，以保障企业生产经营活动和投资活动所需的资金，同时有助于投资者做出理性决策。

（三）财务分析材料来源

财务分析需要依托企业的基本财务报表及报表附注、其他报表分析资料等相关资料和数据来开展。企业的基本财务报表包括企业的资产负债表、利润表、现金流量表、所有者权益变动表。其他报表分析资料主要有企业提供的报告和企业外部的相关报告。企业提供的报告主要有公司董事会报告、监事会报告、公司治理结构报告、会议记录等；企业外部的相关报告主要有审计报告、相关的经济政策和法律法规、与企业主营业务相关的市场信息等。特别地，如果是著名上市公司或行业内知名但未上市企业，也可以关注券商分析师的相关文章，如针对具体公司或相关行业的分析等。

（四）财务分析的基本方法

比较常见的财务分析方法有比较分析法、比率分析法及趋势分析法等。

比较分析法是对某一个或某一些有针对性的相关财务指标进行对比分析，并找出该指标（间）的趋势或差异。比较分析法的对比方式有绝对数比较分析、绝对数增减变动分析、百分比增减变动分析等；

对比的标准有实际指标与预算指标的比较、本期指标与上期指标的比较、企业指标与同行业的标杆企业或行业平均指标比较。

比率分析法是对财务报表中两个相关的科目进行比率计算，以反映科目之间关系的分析方法。常见的比率分析法主要有结构比率分析法（非流动资产与资产总额的比率、长期负债与负债总额的比率等）、效率比率分析法（销售净利率、资产报酬率等）和相关比率分析法（速动比率、流动比率等）。

趋势分析法是将连续数期财务报表的相同指标进行对比分析的方法。主要有会计报表的比较、会计报表科目构成的比较、重要财务指标的比较等。

（五）基本财务分析

基本财务分析主要包括偿债能力分析、营运能力分析和盈利能力分析。

1. 偿债能力

包括短期偿债能力和长期偿债能力。企业的短期偿债能力与企业的流动资产和流动负债密切相关，主要包括营运资本、流动比率、速动比率等；企业的长期偿债能力与企业的资本结构及企业的盈利能力相关，衡量企业长期偿债能力的指标有资产负债率、产权比率、利息保障倍数等。

表 3-2　企业短期偿债能力与长期偿债能力对比

衡量指标		具体计算
短期偿债能力	营运资本	流动资产 - 流动负债
	流动比率	流动资产/流动负债
	速动比率	速动资产/流动负债
	现金比率	货币现金/流动负债
	现金流量比率	经营活动现金流量净额/流动负债
长期偿债能力	资产负债率	负债总额/资产总额
	产权比率	负债总额/股东权益总额
	权益乘数	资产总额/股东权益总额
	有形净值债务率	负债总额/（股东权益 - 无形资产净值）
	利息保障倍数	（净利润 + 利息费用 + 企业所得税）/利息费用

2. 企业营运能力分析

即通过对反映企业资产营运效率与效益的指标进行计算与分析，评价企业的营运能力。营运能力分析不但可评价企业资产营运的效率，也可发现企业在资产营运中存在的问题。反映企业营运能力的指标主要有总资产周转率（营业收入/总资产平均余额）、流动资产周转率（营业收入/流动资产平均余额）、非流动资产周转率（营业收入/固定资产平均余额）、应收账款周转率（营业收入/应收账款平均余额）、存货周转率（营业成本/存货平均余额）等。

3. 盈利能力

盈利能力即企业通过经营管理和投资活动获取净利润的能力。盈利能力是一个相对的概念，其分析可以从三个维度开展，即以收入为基础、以资产为基础、以股东投资报酬为基础。

表3-3　盈利能力计算公式

衡量指标		具体计算
以收入为基础的相关指标	销售毛利率	销售毛利/营业收入
	销售净利率	净利润/营业收入
以资产为基础的相关指标	总资产收益率	净利润/平均资产总额
	净资产收益率（杜邦分析）	净资产收益率（ROE）＝资产净利率（净利润/总资产）×权益乘数（总资产/总权益资本） 而资产净利率（净利润/总资产）＝销售净利率（净利润/营业总收入）×资产周转率（营业总收入/总资产） 即净资产收益率（ROE）＝销售净利率（NPM）×资产周转率（AU，资产利用率）×权益乘数（EM）
	流动资产收益率	净利润/平均流动资产总额
	固定资产收益率	净利润/平均固定资产总额
以回报为基础的相关指标	净资产收益率	净利润/净资产
	每股收益	（净利润－优先股股利）/普通股股数
	市盈率	普通股每股股价/普通股每股收益

（六）三大报表之间的勾稽关系

资产负债表、利润表、现金流量表这三大报表之间是相互关联、存在勾稽关系的。其中资产负债表为财务报表的主表，利润表、现金流量表都是资产负债表的辅表。当没有利润表时，一般可以通过比较净资产的期末余额与期初余额来计算年度利润。如果没有现金流量表，则本年度现金和现金等价物的净增加额可以通过货币余额年初和年末增加或减少的金额来计算。

一般来说，财务报表的勾稽关系主要有以下几种：

（1）平衡勾稽关系。

资金平衡表分左、右两方，一方反映资金占用（对应产品市场），另一方反映资金来源（对应资本市场）。两方必须保持平衡。

（2）对应勾稽关系。

根据复式记账法对每项经济业务用相等金额在两个或两个以上互相关联的账户中登记，表明资金运动的来龙去脉以及相互对应关系固定不变。

（3）和差勾稽关系。

报表中的有些勾稽关系表现为一个指标等于其他几个指标的和或差。

（4）积商勾稽关系。

报表中的有些勾稽关系表现为一个项目等于其他几个项目的积或商。

（5）动静勾稽关系。

专用基金及专用拨款表等为“动态表”，而资金平衡表为“静态表”。“静态表”与“动态表”所反映的某些指标具有一致性，从而在报表中形成勾稽关系。

（6）补充勾稽关系。

报表中反映的某些指标，为了解它的明细核算资料和计算依据，需要另设项目或公式加以补充说明。

按照勾稽关系的分类，可以分为表内的勾稽关系和表间的勾稽关系。表内的勾稽关系是指财务报表内部项目的基本勾稽关系，最常见的如资产 = 负债 + 所有者权益；表间的勾稽关系是指资产负债表、利润表、现金流量表各财务报表之间的基本勾稽关系，最常见的如资产负债表中的现金及其等价物期末余额与期初余额之差，等于现金流量表中的现金及其等价物净增加额。

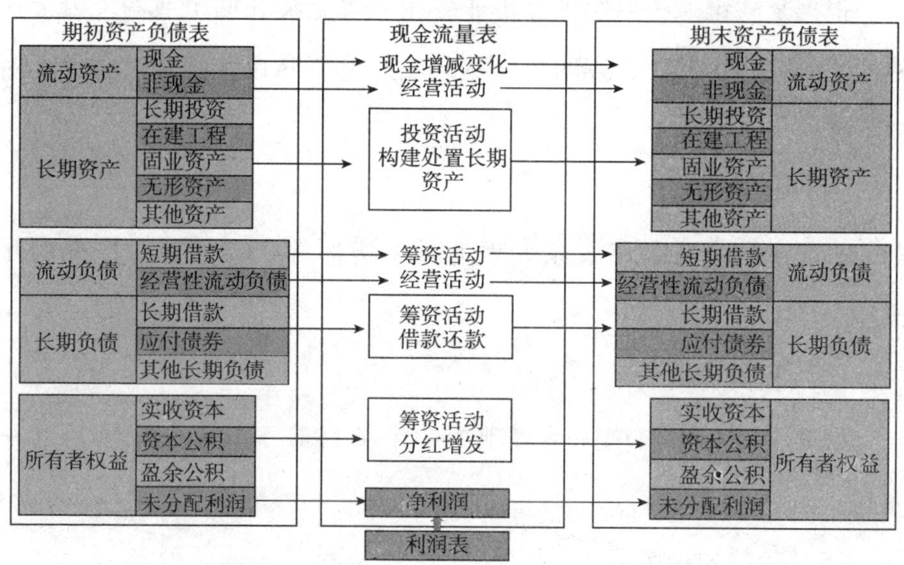

图3-1 表内的勾稽关系

（1）利润表与资产负债表之间的勾稽关系。

利润表中的未分配利润值等于资产负债表中未分配利润科目的期末与期初值的差额。资产负债表中期末“未分配利润”等于利润表中“净利润”加资产负债表中“未分配利润”的年初数。利润表中的利润就是收入减去成本费用，未分配利润是指企业实现的净利润经过弥补亏损、提取盈余公积和向投资者分配利润后留存在企业的、历年结存的利润。

（2）现金流量表和资产负债表之间的勾稽关系。

在对现金流量表中的现金及现金等价物的净增加额与资产负债表中货币现金的净变化值进行比对分析时，需区分企业是否存在交易性

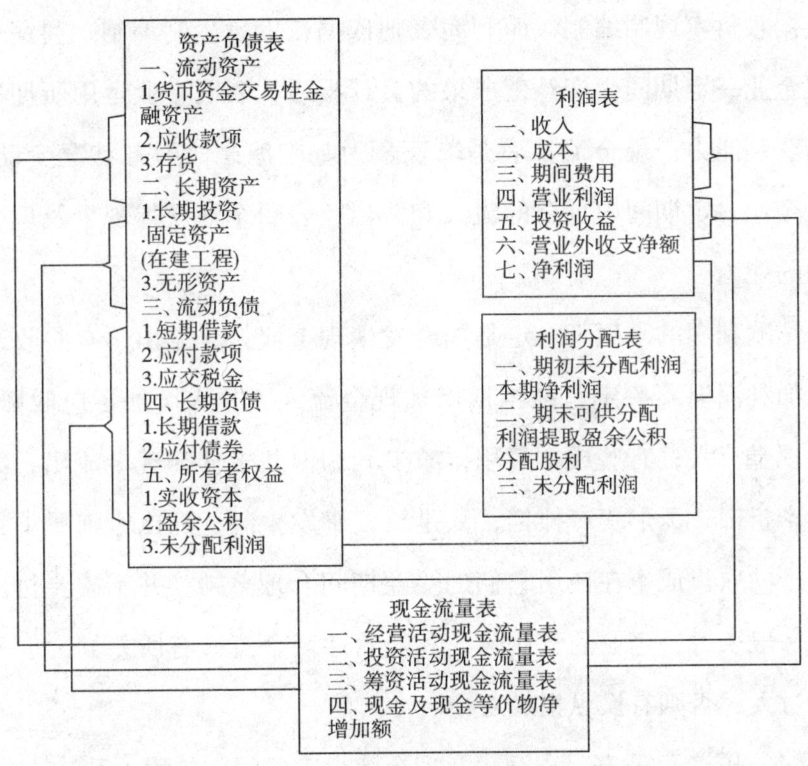

图3－2 表间的勾稽关系

金融资产。如果企业不存在交易性金融资产，则现金流量表最后的现金及现金等价物的净增加额＝资产负债表的现金、银行存款及其他货币资金等项目的期末数－期初数；如果企业存在交易性金融资产，则现金流量表最后的现金及现金等价物的净增加额＝资产负债表的现金、银行存款及其他货币资金等项目的期末数－期初数＋交易性金融资产的期末数－期初数。

（3）利润表和现金流量表之间的勾稽关系。

两表都是时期报表，反映一段时间内企业的活动情况，现金流量表依据收付实现制编制，而利润表则依据权责发生制编制。利润表是反映企业一定期间生产经营成果的会计报表，表明企业运用所拥有资产的获利能力；现金流量表是以现金为基础编制的财务状况变动表，反映企业一定期间内现金的流入和流出，表明企业获得现金及现金等价物的能力。

影响利润的事项不一定是同时发生现金流入、流出。有些收入可以增加利润但不一定是在当期增加现金流入，收入增加了应收账款，但无现金流入；有些成本费用，减少利润但并未伴随现金流出，如固定资产折旧、无形资产摊销，只是按权责发生制、配比原则要求将这些资产的取得成本在使用它们的受益期间合理分摊，并不需要付出现金。一般来说，企业的营业收入和经营性现金流入有所差异，但不应差距过大，否则有操纵报表之嫌。

（4）资产负债表、利润表及现金流量表之间的勾稽关系。

资产负债表中某些科目的运动结果会在利润表中有所反映，在现金流量表中也会有所体现。如短期借款、长期借款为有息负债，与利润表中的财务费用是相关联的；同时，短期借款、长期借款也会在对应期限的现金流量表中的筹资活动内产生现金流量反应。在进行财务分析过程中，相关人员可对资产负债表上短期借款、长期借款的年初数与年末数、现金流量表中的筹资活动现金流流入与流出数、企业发生的财务费用进行比对，测算出企业在报告期内归还的借款金额及新借入的借款金额，并与企业提供的公司借款信息、财务费用信息相互印证。

除传统的财务数据分析外，与企业经营直接相关的其他业务资料也可作为财务分析的重要补充，和财务数据相互印证，提高财务分析的科学性、有效性。本书第一章提到的企业大数据的组成部分（如纳税申报表、水电费缴费凭证、员工工资表及每月转账记录的审核）对于掌握企业生产经营是否正常以及了解财务数据真实性具有重要的参考价值。

（七）非财务指标引入

在对企业进行财务分析时，要特别关注一些财务指标背后的非财务信息。一种是能够在财务指标上反映的非财务信息，如营业外支出的违约金、赔偿款、滞纳金罚款等科目。当出现赔偿款支出时，要重点关注赔偿款的性质、赔偿对象、赔偿款的金额及是否存在未决的或潜在的法律纠纷等事项，进而对企业的未来趋势做出判断。另一种是不会在财务指标上反映出的非财务信息，现以高科技公司或网络公司等未来有巨大成长潜力的企业为例来进行分析。

对于具有较高科技含量及成长潜力的企业，当企业处于初创期时，往往仍未盈利，仅使用财务指标进行分析，可能无法完全反映企业的实际运营状况，需要结合非财务指标（表外资产等，如未确认在表内的无形资产）综合开展分析。常用的非财务指标包括：

1. 产品和服务质量

即产品生产质量及后端服务水平，主要体现在两个方面：一是按照企业制造标准生产的产品质量；二是售前售后阶段为客户提供的服务质量。

2. 企业的发展潜力（行业前景）

企业的发展潜力与员工的积极性有很大的关系，如果员工在生产经营过程中没有高度的积极性，整个企业的运营和业绩将会不可避免地受到一定程度的影响。

3. 企业的技术创新（核心技术人员）

技术创新主要通过引入改进新的生产方法，包括材料、设备、产品及其他工艺程序设计和操作方法的进步。企业的技术创新将带动企业自身以及整个行业的技术快速进步。

4. 市场份额（是否有大额订单等）

直接反映了消费者和用户对企业提供的商品和服务的满意度，表明了商品和服务在市场中的地位。市场份额越高，企业服务能力和产品竞争力越强，企业未来的成长空间也越广阔。

财务指标是基于企业历史经营数据计算而来的，往往忽略了未能在财务报表中反映的一些关键性因素，仅依靠财务指标无法及时掌握企业的关键变化，因此无法对企业进行全面而准确的判断。非财务指标的最大优势在于其具有强大的前瞻性，对目标企业未来的经营业绩具有一定的预测能力，是对财务指标的有益补充，因此财务分析应同时使用财务指标和非财务指标来进行。

八、有关法律情况分析

（一）关联方及关联方交易

1. 如何界定关联交易

关联方的定义和范围，参见第三章“一、企业基本情况”“4. 关联关系”。

根据税法规定，常见的关联交易主要包括：

①资产交易。例如，转让有形资产和无形资产的使用权或所有权或转让金融资产。

②资金融通。这里的资金包括各类长短期借贷资金、各种应计预付和延期支付、担保费用等。关联方资金融通包括向关联方提供资金和从企业的关联方获得资金，前者是关联交易资金融通的主要形式。另外，关联方之间融资租赁以及其他租赁合同也是重要的关联交易事项。

③劳务交易。劳务交易包括市场调研、营销策划、招聘、培训、集中采购等。

④担保。向关联方提供担保和接受关联方担保，企业和股东及其控制的子公司、附属企业之间互相担保等事项。

2. 关联方资金占用情况

关注资金占用发生额、余额、占用时间、资金用途等，可以看出企业的财务规范和内控情况。

3. 关联方占用资金、担保情况

关注持股5%以上的股东、实际控制人及其控制的其他企业占用资金、担保情况，并了解其制度安排是否有解决方案。

与关联交易相关的问题如下：

①通过购买和销售活动进行利润转移。

②当关联企业之间互相投资时，资本就会虚增。

③关联企业表决权结构中是否存在交叉表决权的情况。

④通过关联企业交叉担保，多头获得贷款。

⑤关联企业之间投资或转投资导致关联企业之间关系地位的变化。

⑥通过频繁且金额大的关联交易来粉饰经营业绩。

⑦将国有企业利润转移给民营企业，造成国有资产流失。

⑧劳务、担保和抵押等交易中的不合理费用。

⑨关联方非经营性资金严重占用，在年度报告中未披露。

综上所述，在界定关联方及关联交易时，应以对关联方的判断为基础，以资源、劳务和义务的转移价格作为综合界定的关键，确定相关交易是否为关联交易，并检验关联交易的审批、交易合同及会计记录的审查和披露是否遵循连续性和稳定性原则。

4. 关联交易风险防范

在传统模式下，对关联交易信息披露的综合审计依赖注册会计师。一般来说，企业与关联方关联交易业务量较大、关系错综复杂，关联交易本身就有欺诈频繁、审计难度大的特点。仅凭人工可能缺乏对大量审计数据的宏观把握和辨别能力，很难获得充足的关联交易内部控制所需的检验证据。而利用大数据和人工智能技术分析关联企业会计报表中内容的相关性，有助于发现异常现象，及时采取必要的预防措施。也可以利用大数据和人工智能技术，通过采用监盘、函证等会计方法，对关联企业会计报告的真实性进行认真核查，以防止被错误和虚假的信息误导，即检查数据源的真实性和合法性。不但调查关联交易的数量、金额、内容及其在相关业务中的比例，还要审查并核对企业财务报表相关数据金额与关联交易间相关时点的账户余额及会计凭证等，以判断关联交易的真实性和公允性。在没有明显商业原因的情况下，如果存在交易价格和其他明显的异常或不公平交易、与业务关系异常的单位或个人的偶然或重大交易，则需要分析这些交易是否是虚构的，并调查交易背后是否有其他安排。

基于大数据和人工智能技术，如果数据采集不充分或者数据采集质量差，还进行关联交易检查，则可能会增加识别和评估关联交易的难度及不确定性，从而降低分析结果的可靠性。因此，在数据采集过程中，遵循外部披露数据优先内部数据、不同数据交叉印证分析等原则就显得极其重要。对于模糊数据信息，还可以与手动数据验证方法结合使用，如检查凭证和相关记录，最后确认数据的真实性。

（二）重大合同

应关注目标企业正在履行的合同金额或交易金额，关注营业收入或毛利额占目标企业营业收入或营业利润10%以上的合同，关注其他对目标企业生产经营活动、未来发展或财务状况具有重要影响的情况，包括合同当事人、合同标的、合同价款或报酬、履行期限、实际履行情况等。

（三）土地权益

了解是否已经取得土地使用权证书，是否有必要办理改变土地的性质或支付土地使用权出让金等相关手续，明确土地用途、使用情况及相关权属限制等，核实现有用地是否符合法律法规的相关规定。

（四）房产权益

核实房屋和建筑物是否有办理相关部门认证的产权证明，了解用途、使用情况等房产属性信息，并验证房屋和建筑物是否在目标企业名下，并核查该房屋和建筑物是否存在抵、质押情况及是否有重大所有权争议。

（五）税务

1. 税务基本情况

了解目标企业所享受税收优惠的类型等相关信息，财政补贴的用途、归属等相关信息，并检查能够享受这些税收优惠政策和财政补贴的准入条件。核实目标企业实施的税种和税率，是否满足享受税收优惠和财政补贴政策条件，适用的税种和税率是否符合法律法规的相关规定。检查目标企业的经营业绩是否严重依赖税收优惠和财政补贴。

2. 纳税情况

①了解目标企业的所有纳税申报表或相关申报资料信息，核实有无未缴纳的税款，如有类似的情况，则需核实原因。

②了解所有税务机关授予目标企业的税收抵免或优惠情况，以及其他相关税收方面激励措施的详细信息。

投资者应检查目标企业是否依法纳税，是否有未缴税款，是否受到税务机关的处罚，情节是否严重，是否有其他违法行为等；投资者应检查目标企业在日常经营活动中是否履行了代扣代缴个人所得税义务，上述自然人是否有因拖欠税款受到税务机关处罚的情形，关注受处罚的是否为企业的董事、监事、高管或者实际控制人。

（六）劳动人事

检查员工构成、员工人数和劳动合同签订情况，判断目标企业是否全面实施劳动合同制度，是否存在劳动争议或潜在纠纷；检查员工社会保险、住房公积金办理等相关情况，是否有违反社会保障和住房公积金管理等法律法规的情况；检查公司劳务派遣用工方式的情况，是否存在违法违规情形，注意与劳务合同用工的区别。

用工单位只能在临时性、辅助性或者替代性的工作岗位上使用被派遣劳动者。临时性工作岗位是指存续时间不超过6个月的岗位；辅助性工作岗位是指为主营业务岗位提供服务的非主营业务岗位；替代性工作岗位是指用工单位的劳动者因脱产学习、休假等原因无法工作的一定期间内，可以由其他劳动者替代工作的岗位。用工单位应当严格控制劳务派遣用工数量，使用的被派遣劳动者数量不得超过其用工总量的10%。由于现在对劳务派遣用工有着严格规定，有些公司采用劳务合同用工的方式进行规避，但往往只是"换汤不换药"，因此，在发展过程中曾存在大量使用劳务派遣用工的公司，可能存在用工方面的潜在风险。

很多企业都存在社保、公积金不按规定缴纳的情况。社保和公积金通常是指"五险一金"，包括养老、工伤、医疗、失业、生育保险及住房公积金，为员工缴纳"五险一金"是用人单位的法定义务。国家对社保及公积金的征缴范围、缴纳时间和缴费比例做出了规定，各省、直辖市和自治区对社保及住房公积金制定了具体的征缴政策。重点关注社保、公积金问题的原因在于，合法合规性要求和利润真实性要求。

合法合规性要求：对于有缴费能力但不按规定缴费的企业，相关部门可能会予以处罚。

利润真实性要求：不按规定缴纳社保、公积金会导致目标企业的利润虚高，不能真实反映企业的经营状况和利润状况。

如果目标企业未足额、足员缴纳社保和公积金，则应从以下方面进行详细关注：

（1）未足额、足员缴纳社保和公积金的原因。

企业未足额、足员缴纳社保和公积金，一般来说有以下原因：

①**退休返聘**当员工退休时，用人单位并没有强制为员工缴纳五险一金的法定义务。

②**原单位继续缴纳**法律规定：员工与前一家用人单位结束劳动关系的，该用人单位应当在15日内为员工办理社保关系转移手续，新用人单位应当在用工之日起30日内为员工办理社保登记。如果前用人单位未依法办理社保转移，导致新用人单位无法为员工办理社保登记的，其主要过错不在新用人单位。

③**员工自愿放弃**企业为员工缴纳五险一金是用人单位的法定义务，员工自动放弃参保声明，并不能免除用人单位缴纳社保的义务。

④**员工参加了其他类型的保险**城镇职工养老保险、城乡居民基本养老保险（有些地方城镇居民养老保险、新型农村社会养老保险未合并）并行，城镇职工医疗保险、城镇居民基本医疗保险（有些地方城镇居民医疗保险、新型农村合作医疗未合并）并行，上述保险由参保人按照实际情况选择缴纳，不得重复缴纳。如果员工参保了城乡居民基本养老保险、城镇居民基本医疗保险，则不能参保城镇职工养老保

险、城镇职工医疗保险。

（2）所在地劳动保障部门和公积金管理部门是否会处罚。

关注所在地劳动保障部门和公积金管理部门是否会处罚，这也从侧面体现了企业欠缴的金额大小及性质。

（3）控股股东及实际控制人出具承诺。

控股股东及实际控制人应承诺：承担因五险一金缴纳不规范可能引起的法律责任。

（4）测算补缴金额及补救措施对目标企业经营业绩的影响。

应当对欠缴的五险一金金额进行统计，并与企业的净利润、营业额进行对比。如果需要补缴的金额较大，占企业净利润、营业额的比重极高，则投资者应谨慎考虑。

（七）诉讼、仲裁

（1）目标企业成立以来已决、待决的所有诉讼、仲裁、行政处罚等相关情况。

（2）目标企业成立以来客户投诉和投诉处理情况。

（3）调查持有目标企业5%以上股份的股东、董事、监事和高级管理人员，是否存在重大诉讼、仲裁、被投诉、接受相关部门调查相关情况。

如果有重大诉讼和仲裁案件，则需要掌握争议焦点和程序进展情况，从案件的性质、进展等角度评估对目标企业的运营和实施投资产生的影响。

（八）股权结构及演变

核查目标企业的股权变动、重大历史事件是否合法合规，在注册验资、股权变更等方面是否存在重大历史瑕疵。

（九）债权债务信息

核查目标企业是否有正在履行、将要履行极有可能潜在发生重大债务的协议、合同及其他具有约束力的文件，如借款合同、担保合同。还需要核查协议、合同是否真实、有效；协议、合同履行是否存在法律风险，若是存在违约风险和潜在纠纷事项，则需判断其对实施投资的影响。

（十）环保信息、产品质量、安全生产（针对特定企业）

1. 环境保护

检查环保项目现状及相关工程文件，是否有排污许可证或政府相关批文。核查所有可能的环境污染问题和与诉讼有关的文件，是否发生过环境污染事件和污染治理情况，判断生产经营是否满足国家环保要求。核查生产经营中涉及的主要环境污染源、污染处理设施及处理能力。

检查是否违反环境保护相关法律法规，是否受到环境保护部门的处罚。如果受到过处罚，则应判断情节严重程度，并判断该处罚对目标企业生产经营的影响。

2. 产品质量

产品是否有缺陷及相关弥补措施，是否出现过质量问题导致投诉或者索赔事件，是否受到过处罚。如果受到过处罚，则需要判断该处罚对目标企业生产经营的影响。

3. 安全生产

有必要取得安全生产许可证的，应当调查目标企业是否已申请许可证，以及生产经营是否超出了许可范围。调查是否存在重大安全事故和处罚案件，分析和评估安全事故对目标企业生产经营可能产生的影响。

第四章

投资决策分析

一、投资类型划分

（一）根据投资阶段划分

股权投资基金按照投资阶段进行分类，通常分为天使基金、VC（风险投资）基金、PE（股权投资）基金和并购基金。天使基金主要投资初创阶段的企业或项目，VC 基金主要投资成长初期的企业，PE 基金主要投资商业模式比较成熟、利润规模稳定增长、具有 IPO 潜力的企业，并购基金一般是由市场化基金与上市公司、大型企业集团等产业资本方共同发起设立，投资具有并购协同价值的标的，主要目的是协助产业资本开展横向或纵向扩张，有利于未来的产业布局。

不同阶段的投资逻辑是不同的，如天使投资的逻辑并不能完全适用于 VC。企业所处的发展阶段不同，呈现的特点也不同，因此对不同发展阶段的企业，投资逻辑不同，关注的侧重点也不同，需要使用不同的投资决策模型来支持决策，未合理确定企业的发展阶段或混淆了不同阶段所适应的投资理念，都可能会使投资失败。

（二）根据投资目的划分

按照投资人的投资目的来分类，可分为战略性投资人和财务性投资人。战略投资人一般不是为了追求短期盈利，会参与企业的部分经营决策。战略投资人通常为相关行业的经营者，通过投资上下游行业可实现纵向拓展业务线，增强自身主营业务竞争力。所以战略投资人通常追求较为长期的收益，一般通过现金流折现的方法来进行建模，选择的时间周期也较长。

财务投资人的投资目的与战略投资人截然不同，财务投资人主要追求短期内就获得资本增值收益。财务投资人通过对投资标的未来3~5年的业绩进行考量，判断其是否会在短期内快速成长。

二、投资决策模型的考量因素

股权投资需要重点关注以下几点：外界因素包括宏观经济运行情况、行业发展状况、时机；团队基因包括创始人、管理层、核心技术人员；产品与运营包括产品及服务、核心竞争力、商业模式、规模；财务情况包括成长性、估值；法律状况包括关联交易、股权结构、同业竞争等。

投资人除了要考量所投企业未来可能带来的潜在收益，更需要关注投资项目的风险。项目风险主要来自六个方面：实际控制人风险、主营业务风险、财务风险、法律风险、经营管理风险、项目运作风险。

一般投资决策模型需要对各影响因素进行全方位的考虑，下面主要介绍投资决策的基本架构。

（一）企业生命周期

企业的生命周期是企业发展与成长的动态轨迹，包括创立、成长、成熟、衰退几个阶段。投资时期多集中在前两个阶段以及成熟期的拐点之前，避开衰退期以及成熟期拐点之后的阶段。

对于投资者来说，最重要的莫过于看准投资的时机。较早期的项目，运营模式还不够成熟，企业盈利模式还不够清晰，投资风险较大。而后期的项目，由于行业趋向成熟，行业的整合使市场集中度提高，企业内控也趋于完善，企业管理、商业模式等都走向科学化，所以后期的估值一般会比前期的估值要高。一般情况下，较为理想的投资策略为每一个新兴领域成为热点之前的2～3年，看准时机进行投资。

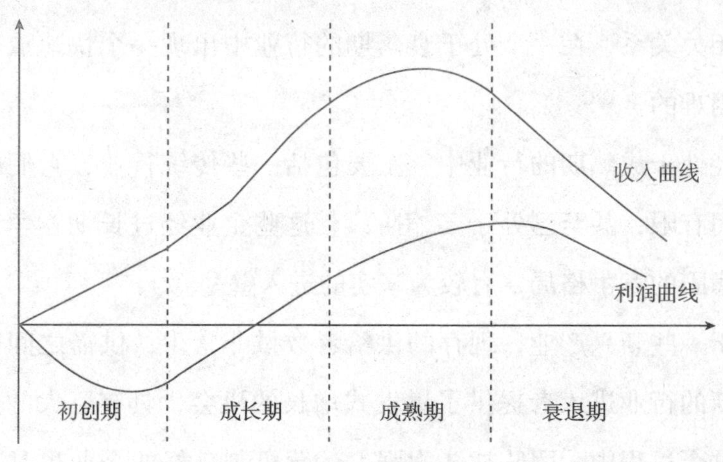

图4－1 企业生命周期

（二）经济周期

经济周期，也称商业周期、景气循环，一般是指经济活动沿着经济发展的总体趋势所经历的有规律的扩张和收缩，是国民总产出、总收入和总就业的波动，呈现出周期性波动的特点。

一般把经济周期分为繁荣、衰退、萧条和复苏四个阶段，表现在图形上叫衰退、谷底、扩张和顶峰更为形象，这也是现在普遍使用的名称。

（三）产业（行业）周期及趋势

投资主要是为了获得未来的收益。按照巴菲特的投资理论，好的投资标的应该具有以下几个特点：过去有长期稳定的业务、有特许经营权、未来具有长期竞争优势。投资除了要看项目本身，还需要注重判断行业所处时期。一般情况下，企业的发展趋势与行业的发展趋势存在正相关关系，在一个处于衰落期的行业中出现一个快速成长的企业是很困难的。

已经处于成熟期的行业中，主要包括一些传统行业，它们的市场容量空间有限，甚至已处于萎缩阶段，这些企业经过长期竞争，形成了比较稳固的竞争格局，有较为坚实的进入壁垒。

对于一些新兴产业，现存的供给者数量非常少，供需之间巨大的差异为新的行业进入者提供了爆发式增长的机会，具有巨大的发展空间。在这个过程中，团队战斗力强、运营机制良好的企业更具有脱颖而出的可能性，更容易出现爆发式增长。

（四）可持续发展能力

投资人在对项目进行评估时，仅看历史业绩是远远不够的，更重要的是要关注其是否具有可持续发展能力。有的项目在创业初期获得了较多的受众群体、大量的订单和收入，但可能是依靠某些不正当竞争的资源或者仅仅凭先发优势获得的，随着这些资源效用逐渐降低或强大竞争对手介入，若产品或服务的复购率、使用率大幅度降低，便无法在最有利的竞争时机扩大市场占有率和企业规模，从长远来看，企业发展的可持续性就会大打折扣。

（五）规模

被投资者普遍看好的“独角兽”企业通常需要足够大的规模，不仅是企业自身规模的大小，还需要考量标的企业所处行业的市场规模大小以及上下游产业链的成熟程度，这些因素决定了企业扩张空间的大小。有的行业具有巨大的市场体量，可以支撑足够大的估值。例如电商行业，就具有较高的行业天花板，在电商企业的扩张阶段，交易行为易于标准化，可以快速积累客户资源，实现规模效应。然而，对于某些行业，虽然市场需求广阔，但产品或服务难以标准化，扩张需要付出更多的人力、财力、物力，每单位消耗的成本和费用都要明显高于其他行业，实现规模化的难度相对来说也要高于其他行业，发展速度和发展空间都会受影响。

因此，从投资的角度考虑，要重点关注那些市场规模够足够大、行业天花板足够高的领域。

（六）团队

创始团队是影响企业发展的最关键因素之一。一般越是在早期，创始团队对企业的影响越大，能直接左右企业的运营和发展。随着经营模式和商业模式逐渐成熟，管理和制度逐渐完善，企业形成了具有比较优势的核心竞争力，管理层的影响程度将会被逐渐弱化，但依旧是一个需要重点考量的因素。

一般情况下，好的创始团队是创业成功的必要条件，需要兼备专业性和全面性。只懂技术不懂运营，则可能在对企业未来的规划方面有所欠缺。只懂得管理却不懂技术或产品，那么企业可能在内生性可持续增长能力方面具有劣势。从经验来看，创始团队成员若能深入了解所处行业，拥有深厚的技术积累和丰富的运营经验，精准把握行业痛点，深刻理解产品或服务的核心竞争力，将更容易脱颖而出。

相较于所拥有的经验而言，对创始团队更为重要的是持续学习能力。在企业发展过程中，生产规模逐步扩大，员工人数不断增多，管理愈加规范化，与资本市场的联系越发紧密，管理层对企业的治理方式也要随着客观情势的变化而逐步优化。经验主要代表过去，若变成经验主义，则会适得其反，整个行业和市场环境都处于不断变化之中，随时可能出现产品的迭代和技术的革新，已有的技术和经验若跟不上这种深刻的变化，过去的优势就可能成为企业长远发展的重大障碍。

所以，除了考量一个企业的已有优势与劣势，投资者还要关注企业管理者对新技术、新理念的学习态度、学习能力和执行情况，考察企业的人员流动情况、培训机制和实施效果。除了企业的运营团队，还有一个能够对企业产生较大影响的因素，即实际控制人。实际控制人作为企业的拥有者，拥有对企业经营管理的最终决策权（部分企业通过协议或合同的方式约定，实际控制人不参与企业的运营），可以决定企业未来的走向。

（七）商业模式

“商业模式”一词最早出现在风险投资领域，它高度凝练地描述了企业主营业务的运转规律和逻辑，简明扼要地概述了企业的经营模式和盈利模式。在经营模式上，一般投资者会关注创新性和可行性；在盈利模式上，会关注成长性和稳定性。

针对不同的行业，对商业模式的关注点不尽相同。例如餐饮业，投资者应当关注单店成功运营的关键要素以及这种成功是否可以大规模复制，如海底捞等；零售行业则一般重点关注资金在运营过程中的周转速度和周期，资金周转较快则表明盈利模式可能相对更优。

（八）产品及服务

这里所说的产品及服务是指企业的主营业务，集中体现了企业的核心竞争力。它可以是具体实物产品，如钢铁、汽车；也可以是网络服务，如游戏、APP 等；也可能是提供的某种劳务，如顾问、医养护理、培训等。

每个创业者在项目启动前，都应该清楚自己的核心竞争产品是什么，具体如何通过这个产品创造价值并获得利润。部分项目可能由于自身的特性无法快速扩大化和规模化，但是依旧需要花费时间和精力去思考更高层级商业化的路径。在实际创业过程中，会发现最初预设的商业模式经过市场的反复检验后并不一定适用，因此，如何根据具体情况变化及时调整运营方式和发展方向，是对团队巨大的考验。

判断一个团队是否靠谱，不仅要看团队成员之前各自取得的成就，还需要考察团队与项目所在行业的相关程度。因为即使同处于一个大的行业中，每个细分行业之间的差别也非常大。例如，在养老行业中，养老地产领域中的佼佼者不一定了解养老护理领域的痛点；在IC行业中，做存储芯片的企业有可能会转行做显示芯片，跨度还是比较大的。

因此，创业者对细分市场定位越精确越熟悉，越可能用最小的成本实现最大的效用，从竞争者中脱颖而出。

如果创业者不能够静下心来聚焦自己的产品和服务的质量，总是好高骛远，想着一步到位，动辄希望建立一站式的全方位服务，或是建立一条打通上下游的全方位生态链体系，希望在短时间内就做成一个惊人的规模或是快速达到一个准上市的标准，则这种企业投资者尤其需要甄别。

（九）财务状况

通俗地讲，经营能力主要体现在三个方面：正确的经营方向、可持续的营运能力、可观的获利能力，这三个方面都可在企业财务报表上体现出来。

财务状况可以反映企业的历史经营业绩以及现阶段的收支情况，长期经营能力的评价还需要全面考察企业的核心竞争能力与可持续经营能力。

第一，在看企业财报时，要重点关注“非经常性损益”这一项。在判断盈利和成长时，非经常损益所创造的价值，如出售不动产等，所获收益不是可持续的，需要剔除。

第二，要关注无形资产的占比。相比于固定资产，无形资产发生资产减值的可能性更大，这很有可能是由于技术革新等因素而发生大幅度减值，在负债不变的情况下会使资产负债率大幅度提高，带来营运风险。所以一般来说，无形资产占比超过行业平均水平的标的时，投资者需要重点关注其原因。

第三，关注资产负债率和产权比率。资产负债率和产权比率都是用于衡量企业长期偿债能力的指标，两个指标在侧重点上有些差别。资产负债率又称举债经营比率，在资产负债表上，**总资产=负债+所有者权益**，等于负债总额与资产总额的比值，揭示的是总资本中负债的比例，它是用于衡量企业利用债权人提供资金进行经营活动的能力，也是反映债权人发放贷款安全程度的指标之一。产权比率，即有息负债与所有者权益的比值，侧重于揭示债务资本与权益资本的相互关系，说明企业财务结构的风险性，以及所有者权益对偿债风险的承受能力。

第四，关注企业主营业务收入的发展轨迹。企业销售额如果处于一个上升的趋势，即使企业还未达到收支平衡，其发展潜力也能增强投资者的风险偏好。

第五，关注薪酬支付比例。从这个比率可以看出，企业所获的利润中，有多少是用于扩大再生产，有多少是自用。

综上所述，如果一家企业经常性损益和无形资产很少、产权比率和薪酬支付比率较低、销售收入保持一个稳健的增长，则不难判断，这个企业倾向于成为行业内的佼佼者。

此外，在识别风险时，还需综合考量资产负债表、利润表、现金流量表各科目的内在关系。

（1）公司利润增幅较大，但经营性现金流净额持续为负值，则公司可能存在潜在的流动性风险或财务造假风险。

（2）观察应收账款周转率与营业收入的关系。周转率的不稳定，间接反映营业收入的不稳定，营业收入可能源于提前确认，可能源于向渠道压货，或是公司产品市场竞争力下降等。

（3）企业持续经营需要稳定的现金流。通常来说，现金最好来自利润留存，而不是再融资或财务杠杆。

（4）比较净资产收益率和融资的机会成本，探索公司盈利能力的强弱，并分析可能的原因，是投资回报率下降、行业发生了变化还是公司本身产品竞争力下降等。

（十）成长性

标的企业的成长性对投资成败影响甚大。成长性受很多因素的综合影响，如行业需求、市场潜力、企业运营水平、管理的科学性等。

第一，有足够好的产品的企业，通常有较高的销售增长率。某产品在市场上供不应求，一般受两个因素的影响：一是整个行业处于成长和扩张期，市场需求潜力巨大；二是企业自身的产品竞争力优于竞争对手，拥有较高的市场占有率。

第二，企业运营质量高低也是影响企业成长性的一个重要因素。企业若能够平稳度过瓶颈期，并且没有发展的天花板，则一个合理而有效的运营体系，如高水平的销售体系，能够帮助企业拓宽市场，打破限制条件；如成熟的成本控制体系，在质量一定的情况下，具备成本方面的比较优势更容易让企业在行业内脱颖而出；如良好的劳动和人事关系，管理层基本稳定、部门之间能有效配合、团队凝聚力强，有良好的企业文化，都会对公司发展产生巨大的推动作用。

（十一）投资收益预测和估值

根据风险与收益之间的关系，项目可以大体分为四类：高风险低回报、低风险低回报、高风险高回报、低风险高回报。

对于高风险低回报的项目，大多数投资人是不会投资的。对于低风险高回报的项目，通常是可遇不可求的，如果可以遇到这类项目，需快速综合评估，尽量抓住这样难得的投资机遇。一般情况下，投资者所能接触到的项目，大多是高风险高回报的项目。

关于对拟投资标的进行合理估值，需要与其所处的行业实际情况相结合，综合运作多种评估指标，同时与其竞争对手进行同行业比较，要动态地识别企业的内在优劣势，仔细甄别其比较优势和比较劣势等。只有综合各方面因素进行整体考量，才能做出相对客观的判断。

（十二）价值

在二级市场上，格雷厄姆倡导价值投资，即在选择股票的时候，要注重上市公司的基本面，这种方法基本上可以规避重大投资风险，因为通过基本面研究对企业的内在价值有了合理判断后，即使短期因为二级市场“情绪波动”导致股票价格下跌，最终股票价格也会回归内在价值。当然，对于公司基本面的判断也必须保持一种动态调整的态度，以免犯“刻舟求剑”的错误。

在一级市场上，绝大部分投资人主要关注投资回报的实现期限，关注企业的收支平衡点、实现盈利的时点以及如何实现退出。收回成本并获取收益是投资者的价值目标，资金是有机会成本的，每个基金都有自己的收益标准，如果不能覆盖这个成本，则说明投资活动没有获得成功。

（十三）风险与安全边际

投资活动通常是收益与风险并存，多数情况下呈正相关关系。越是新兴的行业，越是前沿的技术，越是初期的项目，越有可能获得高倍的收益，但投资失败的风险也越高。

投资需在风险与收益之间识别平衡点，在不确定性中寻求一个可以承受的风险，同时尽可能地提高收益。为了实现这一目标，需要根据投资人自身的实际情况，选择合适的风险控制模型进行科学评估。如何建立一个适合自身风险承受能力的投资模型，需要投资者通过不断实践，不断总结经验，在吸取教训的基础上逐渐形成一套自洽的投资理论体系。

例如，在 PE 投资中，通常追逐风险极低化，风险是第一考虑因素，在这个基础上再追逐较高收益。正如芒格所说，“赚钱的秘诀不在于冒险，而在于避险”。在 PE 投资中，追求的是标的确定性。确定性不仅仅局限于某单一标的的确定，还可以通过总体的确定性来实现整体投资成功率水平的提高。

（十四）护城河

“护城河”就是指一个企业拥有某种技术或者某种模式，当其他有大型财团支持的竞争者出现时，竞争企业不能依靠充裕的资金复制业务并且超越标的企业。在投资过程中，财务报表是一个有效的分析工具，但是仅仅靠看财务报表还远远不够。标的企业要实现持续的长久发展，其自身必须要有一条强大的“护城河”。用哈佛大学商学院教授迈克尔·波特的话说，“护城河”是“企业可持续的竞争优势”。即企业自身要拥有强大的核心竞争力，防止竞争者轻易入侵，“护城河”在于能做别人做不到的事情，且具有持续性。

标的企业在一定时期内保持领先优势，意味着竞争企业需要花费大量的时间、精力、金钱才能做到。标的企业能做别人现阶段还做不了的事情，这体现在关键技术优势、核心团队优势、专利和知识产权优势、成本优势、规模优势、品牌优势等各个方面。为了保证护城河的持续性，企业必须在技术、管理、理念、战略、文化等各个方面提高持续创新的能力。

第五章

热点分析

一、投资前瞻

做投资，基于产业的独立思考与判断必不可少，同时也应当总结创业失败公司的普遍性原因，做到防微杜渐。回顾历史，温故知新，进而前瞻性地捕捉投资机会并顺应趋势的变化，在正确的赛道上做正确的事情。

（一）基于产业分析的独立思考与判断

投资是一个需要在不确定性中发掘趋势性的行业，不仅需要预测产业链的趋势，也要预测产业链的拐点；投资是一个需要长期积累的行业，从短期来看，行业赛道虽然拥挤，但是从 5 年、10 年甚至更长时间来看，赛道上同时期竞争者逐渐变少，新的赛道也在逐渐开辟；投资也是具有较强周期性的行业，美林时钟的周期性体现得尤为明显，当资本市场下行压力较大时，募资和投资都会变得更为困难。

投资行业的“二八效应”明显，优秀的20%的投资人赚取了80%的利润。因此，投资者要有基于产业的独立思考与判断，具有前瞻性的长远眼光，能在适当的时机做出恰当的判断，才有可能成为优秀的20%，而不会随波逐流。

（二）失败案例的普遍性原因

通过分析过往投资案例，我们可以总结出失败案例的普遍性原因。

1. “护城河”不够深

“高筑墙，缓称王。”企业的发展需要有自己的“护城河”，如技术优势或者现象级的产品等。“护城河”越浅，意味着被替代的可能性越大。拥有足够深“护城河”的企业能更从容地面对各种风险。

2. 行业天花板不够高

行业发展的天花板体现在市场总体需求的大小，它决定了在未来可孕育企业的大小。百亿级市场规模的行业孕育不出千亿级营收规模的企业。目标企业所在行业市场前景要么已经足够大，能够容纳相应规模的企业，要么所在市场能够被培育，市场规模有可能逐渐变得足够大。

3. 融资节奏错位

有些企业在市场环境好时没有把握好融资的节奏，对资金使用任意性较强，造成资金浪费；有些企业在经济周期高峰时对估值要求过高，不愿意降低估值进行融资，错失了融资机会；也有一些企业因为业绩对赌、回购条款、股权质押、董事会席位等附加条件苛刻而未能实现融资，或者因为上述条件导致企业经营过于被动，在投资方与创始团队之间产生矛盾。一旦经济低谷来临，上述企业若没有储备足够的现金类资产，则很可能会由于流动性问题倒在黎明之前。

4. 盲目扩张

很多创业企业的创始人都拥有良好的教育背景和行业经验，但缺乏耐心，急于求成，采取了一些错误的并购行为或盲目实施多元化扩张策略。盲目扩张可能会导致企业战略方向不明确、现金流紧缺甚至资金链断裂，使创业企业陷入困境。企业能否规避盲目扩张取决于一系列因素，包括能否全面把握市场发展趋势、能否全面梳理内部经营管理体系、能否全面分析企业自身产品或服务优劣势、研发优劣势、资金优劣势、人才优劣势等。

5. 企业家胜任能力不足

企业家就是企业这艘大船的总舵手，对企业发展至关重要。经营能力、管理能力、抗挫折能力、市场应变能力等，都是衡量企业家胜任能力的重要考量因素。投资创业企业，在很大程度上就是投资创始人。

6. 过高杠杆导致资金链断裂

高杠杆是一把“双刃剑”：一方面，企业可以利用杠杆资金迅速扩大规模；另一方面，一旦经济下行、市场资金供给紧缩，高杠杆很可能会导致企业资金链断裂。稳定的现金流对企业发展至关重要，有些企业收入规模很大，但实际现金流入很少，大多以应收账款等形式存在，这不仅提高了坏账形成的风险，还会影响企业的整体偿付能力。

7. 团队利益与企业利益不一致

企业的发展最终依赖于人的智慧，为了激励和留住人才，保证企业与员工利益的一致性，需观察公司的激励措施能否有效稳定核心团队、核心技术人员及骨干员工。如果企业与员工利益存在冲突或企业的激励措施难以调动员工的主观能动性，企业发展将会受到很大的影响。一般可以通过查看企业的期权池或员工持股情况等方式来评估企业利益与员工利益是否一致。

从过往众多创业失败的案例可知，内部利益冲突是很多企业难以为继的重要原因，投资者心中要始终有一根弦，了解并尽量规避上述问题，进而降低投资失败的风险。

（三）历史回顾

从全球来看，美国与欧洲市场占据全球私募股权市场超过一半份额，其中，英国和德国是欧洲私募股权基金发展的代表性国家。在亚洲，日本是最早的市场，中国是最大的市场。

1. 美国市场

美国是全球开展私募股权投资最早、资金管理规模最大、发展模式最成熟的国家。美国的私募股权基金行业的发展大致分为四个阶段。

第一阶段：1946—1969 年，为私募股权基金行业初级阶段。1946 年，美国研究和发展公司（ARD）成立，标志着有组织且专业化管理的风险投资公司开始出现。1958 年，美国政府颁布了《小企业投资公司法》（Small Business Investment Act，SBIA）支持小企业投资公司（Small Business Investment Companies，SBIC）。此后，美国陆续出现了许多小企业投资公司，这些小企业投资公司主要管理投资于小企业的资金。这个阶段，美国出现了私募股权投资的有限合伙制形式。

第二阶段：20 世纪 70 年代，为私募股权基金行业成长与挫折阶段。有限合伙制的出现兼顾了轻税收负担和有限责任的优势，解决了对投资经理激励不足等一些问题，推动了私募股权投资行业的迅猛发展。1973 年，美国风险投资协会（National Venture Capital Association，NVCA）的成立，进一步促进了私募股权投资行业的发展。但是，20 世纪 70 年代中后期，由于上市等退出渠道不理想、经济衰退、股市低迷等原因，私募股权投资行业遇到了挫折。1979 年，美国对《雇员退休收入保障法》中“谨慎投资人”（Prudent Man）条款进行了修订，在不影响整个投资组合安全情况下，允许养老金可以投资新兴或者小企业，使得大量养老金逐渐进入私募股权投资市场。

第三阶段：20 世纪 80 年代至 20 世纪 90 年代，为私募股权基金行业快速增长阶段。美国政府出台的众多有利政策促进经济情况不断好转，同时金融资本与产业资本相结合，在全球范围掀起了杠杆收购热潮，极大地促进了私募股权投资市场的发展。1999—2000 年，伴随着互联网投资热潮叠加股市的繁荣，私募股权投资行业迎来了一波更大的发展，并在互联网泡沫末期达到了这一阶段的顶峰。

第四阶段：2000 年至今，为私募股权基金行业成熟阶段。2000 年 3 月，纳斯达克指数在创下 5132 点新高后开始崩盘，互联网泡沫开始破灭。随着互联网泡沫破灭及股市的急剧下滑，美国私募股权投资市场经历了一个艰难的休整期，投资活动也逐渐趋于理性。2002 年开始，私募股权投资行业从低谷逐渐回暖。

2. 欧洲市场

英国：20 世纪 80 年代，政府相关法律政策的支持使英国私募股权基金行业得到了较快发展。1983 年，英国私募股权和风险投资协会（British Private Equity and Venture Capital Association，简称 BVCA）成立，意味着英国的基金体系走向规范化。目前，英国是世界领先的私募股权中心之一。

德国：德国私募股权基金起源于 20 世纪 60 年代，私募股权基金行业的兴起为战后迅速发展的德国中小企业补充了资本金。德国目前是高端装备制造投资的代表国，已成为全球跨境并购最热门的目标地区之一。

3. 日本市场

日本是亚洲私募股权基金起源最早的国家。1963 年，日本政府在东京、大阪和名古屋分别成立了中小企业投资扶植公司，由此，日本私募股权投资开始萌芽。20 世纪 90 年代末，日本逐渐出现了并购投资的方式，私募股权投资领域得到进一步扩展。日本私募股权投资行业的发展，直接推动了日本的几次创业潮，促进了日本经济发展。虽然日本私募股权投资一直处于亚洲领先水平，但是 21 世纪以来，日本私募股权产业的发展态势与其世界经济地位并不匹配，和美国等国家仍存在较大差距。

4. 中国市场

中国的私募股权投资行业的发展大致分为以下三个阶段。

第一阶段：1985—1997 年，为私募股权基金行业探索阶段。1985 年 3 月，中共中央发布《关于科学技术体制改革的决定》，明确提出允许以创业投资的方式支持具有较高风险的高新技术企业发展。在此背景下，1985 年，中国境内第一家创业投资公司——中国新技术创业投资公司成立。之后，又陆续成立了中国科招高技术有限公司等一批有一定规模的投资公司。这一时期是中国私募股权市场的萌芽期，由于可投资的新兴技术企业较少，同时退出渠道不畅通等因素，使得大批私募股权基金运营举步维艰。

第二阶段：1998—2004 年，为私募股权基金行业大发展与大调整的波动阶段。1998 年，时任民建中央主席成思危在全国政协九届一次会议上提交了《关于尽快发展我国风险投资事业的提案》，使得风险投资成为全国关注的热点，掀开了中国风险投资大发展的序幕。1999 年 8 月，中共中央国务院颁布《中共中央、国务院关于加强技术创新、发展高科技、实现产业化的决定》，为中国私募股权投资行业的发展做出了重要的制度安排。1998 年至 2001 年左右，伴随着全球互联网热潮兴起，中国私募股权投资公司的设立进入一个高潮，国资背景的创业投资公司和外资、民营的私募股权基金不断涌现。然而，随着 2000 年美国互联网泡沫的破裂，全球私募股权基金行业跌入低谷，加上中国创业板设立时间的推迟，中国私募股权投资行业也进入了低潮期，直到 2003 年才逐渐开始复苏。2004 年，深圳证券交易所中小企业板块的推出，加快了私募股权投资行业复苏的势头。

第三阶段：2005 年至今，为私募股权基金行业规范发展阶段。2005 年，国家发展改革委等十部委联合发布《创业投资企业管理暂行办法》，对创业投资企业的设立与管理提出了规范要求，从此中国创业投资进入快速发展阶段。2007 年，新修订的《合伙企业法》正式实施，该法首次确立了“有限合伙”这一企业组织形式的合法地位，为中国发展有限合伙制股权投资企业带来了契机。2009年，创业板在深圳证券交易所开市，为中国私募股权投资退出提供了新的渠道，使中国私募股权市场进入新的发展时期。2013年6月，中央编办发文明确由证监会统一行使私募股权投资基金监管职能。2014年5月，国务院发布《关于进一步促进资本市场健康发展的若干意见》，以专门篇幅对培育发展私募市场的基本原则和政策措施进行系统阐述。2014年8月，证监会发布《私募投资基金监督管理暂行办法》，以不设行政审批、适度监管为原则，对基金的设立、运作和管理进行了规范要求，为各类私募投资基金提供了基本制度框架。2018年11月5日，在首届中国国际进口博览会开幕式上，习近平总书记宣布将在上海证券交易所设立科创板并试点注册制。科创板和注册制的结合，将为私募股权投资打开新的退出渠道，将有效激活私募股权投资市场活力。目前，中国的私募股权基金行业已经进入了一个全面发展的阶段，并成为世界私募股权投资舞台上最活跃的地区之一。根据中国证监会官方网站发布的数据显示，截至2019年4月底，基金业协会已登记股权及创投类私募基金管理人14702家，已备案股权及创投类私募基金35790只，管理基金规模94127亿元。

（四）前瞻

1. 行业前瞻

股权投资推动科技创新及人类社会进步，并带来效率提升和更美好、更便捷的生活方式。我们之前在一些相关影片里看过一些未来科技带来的新生活方式，很多场景目前已经实现，如利用VR获得沉浸式体验，运用机器人进行一系列手术，通过云计算获得某个机构的数据进而计算推演未来等。

以人工智能、清洁能源、机器人技术、量子信息技术、可控核聚变、虚拟现实以及生物技术为主的新一轮工业革命（亦称“第四次工业革命”）已经吹响了号角，这是重大的历史机遇，也面临着前所未有的挑战。一方面，“大众创业，万众创新”政策鼓励企业积极创新，目前中国已成为全球股权投资第二大市场；另一方面，2018年4月港交所公布《新兴及创新产业公司上市制度》，鼓励没有盈利的生物科技公司赴港上市；同时，上交所科创板的推出也进一步增加了私募股权基金的退出渠道。私募股权基金在发展过程中也面临很多挑战，如竞争日益白热化、投资的区域性明显、私募股权“头部效应”明显等。

站在未来看现在的历史机遇，我们认为现在正处于工业革命4.0的时代，需要明确几个要点：

第一，明确我们处于什么样的时代背景。生产力和生产效率提升使我们站在了新一轮工业革命的起点，也是许多产业的转折点。纵观过去十年中国经济的发展，更多的是消费类、O2O、文娱等消费和服务类行业的增长及进步，人工智能、生物技术、光电芯片等真正硬科技还相对滞后。

第二，当今时代背景下的赛道选择问题。“一鸟在手胜于二鸟在林”，不能三心二意。弱水三千，要找到那个最优的项目。选赛道非常重要，选择正确的行业赛道意味着朝正确的方向奔跑，反之亦然。笔者认为，选择符合国家战略发展方向和符合世界发展趋势的产业进行投资，让资金流向科技创新以及消费升级等领域，流向能够更好地为人们生产、生活、消费服务的地方。大健康、大数据、人工智能、万物互联等赛道因为行业和市场空间足够大，可以出现现象级的企业，有望涌现出更多“独角兽”企业。

例如，面对人口老龄化不断加剧的形势，精准医疗、生物工程、养老产业在全球范围内依旧是具备巨大发展潜力的产业，中国更不例外，截至2016年每千名老年人拥有养老床位不足35张，人口基数大，老龄化时代迅猛来临，巨大的养老市场需求，有望促进看护型机器人、再生医学、干细胞疗法等领域出现新的技术突破。大数据的深入挖掘与应用将会给我们的工作和生活带来一场新的信息革命，科技将带领我们突破人类潜力的极限，由物联网连接的可穿戴设备可能会把相关实时信息通过芯片直接植入人们的身体之中，人们可以利用来自物联网和大数据的信息来加深对世界以及自己的了解。机器人和自动化系统也将会无处不在，自动驾驶汽车会使交通更加安全与高效，还可能会出现共享自动驾驶汽车。这是由大的历史背景决定的，技术发展是指数型的，一旦超越某个水平线，就很可能成为“奇点”。

2. 组织形式前瞻

如今二手份额转让基金（又称S基金）越来越活跃。不同于通过IPO退出，基金或者项目的份额转让由买卖双方磋商达成，交易价格一般为估值乘以折价比例。二手份额交易策略能缩短现金回流时间，增强现金流动性。一般来说，现金回报是 J 曲线，二手份额跳过了前面的等待期，使得现金回流速度更快，因为比较靠后期，投资风险也会小很多。

母基金（又称 FOF）也会越来越活跃。市场化母基金通过对不同 GP 基金管理人投资风格和投资策略的了解，加上政府引导基金的支持，未来将逐渐成为私募股权基金行业的发展主力。优秀的母基金精选头部 GP 管理人机构，还可以跟投优秀 GP 管理人的优质项目，通过精准跟投，提升母基金收益，这也是我们编写本书的初衷。

通过整理分析，我们认为大数据及人工智能技术可以辅助投资决策分析，通过大数据及人工智能技术挖掘投资中创业失败企业之间、创业成功企业之间的共性原因，寻求市场优质二手份额转让基金，并通过前瞻性的比对使决策更有效率。

二、零售巨头西尔斯倒下的原因分析

（一）西尔斯陷入困境

美国西尔斯·罗巴克公司是一家成立于 1886 年的百年老店，拥有 130 余年历史，它发明了“百货商店”的概念，这是一种后来风靡全球的零售业态，它曾是世界级的零售巨头。2005 年，西尔斯·罗巴克公司（以下简称“西尔斯”）被美国凯马特公司并购，组成美国第三大零售业集团——西尔斯控股公司。在将近 1 个世纪的时间里，西尔斯几乎成为美国消费者采购生活用品的首选。然而，在客户日益减少与公司债台高筑的双重压力下，拥有 130 余年悠久历史的美国西尔斯控股公司在当地时间2018年10月15日正式申请破产保护。

20世纪中期，在西尔斯鼎盛时期，将近3/4的美国人前往西尔斯购物，当时其销售额曾达到美国GDP的1%，曾多次被评为美国最大的零售商。西尔斯·罗巴克公司在《财富》杂志2002年世界500强企业名单中排名第83名，销售额为411亿美元。2003年，其销售额为414亿美元，排名第81名，仅次于沃尔玛、家乐福、麦德龙等零售巨头。2012年，西尔斯控股公司在世界500强企业名单中排第245名，随着西尔斯主营业务的逐年衰退，截至2017年，西尔斯控股公司在世界500强中的排名已经降至第489名。

2005年，西尔斯和凯马特公司（以下简称“凯马特”）合并，成立了西尔斯控股公司。西尔斯控股公司是西尔斯和凯马特的母公司，是一家多元化的零售企业，合并后在美国和加拿大拥有约4010家不同业态的门店，其中西尔斯在美国有2052家门店，凯马特在美国有1416家门店，西尔斯控股公司在美国本土合计拥有约3500家门店，其中1299家门店为独立所有和运营，销售的产品包括服装、工具、消费电子产品、家电、运动设备、一般商品和杂货等。凯马特也是一家历史同样悠久、家喻户晓的零售商，凯马特前身为1897年开业的便利店。1962年，凯马特在密歇根州的底特律开设了第一家“折扣店”，并在20世纪70年代达到了顶峰。之后十几年，凯马特一直是美国的头号折扣零售商，被所有同行视为“折扣营销模式”的创始者，是现代超市型零售企业的鼻祖。

2005年开始，西尔斯控股公司业绩持续下降。2010—2018年，已累计亏损超过110亿美元，其市值也急剧下降，每年需要筹集数十亿美元才能维持运营。西尔斯控股公司在过去十几年中关闭了数千家门店，目前剩下的几百家门店中，很多都是举步维艰。

根据年报中披露的信息，西尔斯控股公司在2017年削减了约36%的美国员工，从2017年1月28日的14万名全职和兼职员工，削减到2018年2月3日的8.9万名，这一数字远低于2006年初合并后不久的31.7万名美国员工。

2018年10月15日，西尔斯控股公司申请了破产保护。公司2018年10月15日提交的备案文件中显示，旗下仍约有700家门店在营业，在册员工6.8万名，相较2018年2月拥有约1000家门店、8.9万名员工，门店与人员数量进一步减少。该公司在纽约南区破产法庭提交的文件中列出了69亿美元资产和113亿美元负债。

尽管零售商通常会在刚开始时为了保住生意而申请策略性破产，但许多零售商在申请破产后最终都真正破产了。近年来，全球最大的玩具零售商玩具反斗城（Toys“R”Us）、美国最大电子零售商之一睿侠（Radio Shack）和美国运动用品零售商（Sports Authority）等公司都沿着这条路走向了倒闭。

（二）西尔斯重要阶段发展情况回顾

西尔斯的创始人理查德·西尔斯于1886年创立西尔斯公司，以目录邮购零售的方式把产品卖到广大农村人口手中。到1890年，铁路遍及美国各地，通过铁路网络，邮件、报纸、期刊和各种各样的出版物很快到达每一个美国人手中。其实西尔斯在很多方面都是亚马逊的早期版本，从芝加哥一个300万平方英尺的仓库中分拣和运送产品，通过邮政服务将产品送达到这个正在成长的国家最偏远的地区。

1900年，当货到付款销售方式刚出现时，西尔斯意识到这是一种非常可行的方法，便迅速实施“货到付款”，并将邮购业务做到了极致，还提出了类似当今电商“无理由退换货”“如有不满，原款退还”等承诺，这给西尔斯带来了很多订单，当年销售额名列美国零售业销售额榜首。1900年，西尔斯的营业额仅为110万美元。10年后，增加到6100万美元。到1920年，增加至2.45亿美元。

1921年，在经济危机的影响下，西尔斯陷入了严重的经济困境，直到退伍军人伍德将军担任西尔斯副总裁，他将邮购销售改为店面现场销售，这为西尔斯扩张奠定了基础，伍德也被视为“西尔斯零售扩张之父”。西尔斯由美国最大的面向农村的邮购销售商，逐渐成长为世界上最大的零售商。多年来，伍德一直是美国人口普查和统计文摘的忠实读者，他通过统计数据预测人口趋势，发现邮购公司的市场正在逐渐转移到城市百货公司，人们除了变得越来越都市化，生活方式也变得越来越机动性。伍德认为百货公司在市中心的位置是由交通工具决定的，因为铁路、马车等各种交通工具在城市中心汇合，边远地区的商店只能吸引那些可以步行去那里的顾客。然而，汽车的出现意味着城市中心正在失去它固有的优势，人们可以开车去城市中心之外的商店。事实上，顾客确实是更喜欢开车去城市中心之外的商店，因为那里车流量少、停车更方便。伍德充分认识到了这一机会，也很好地利用了这一机会。

随着汽车的广泛使用，为了让农村和郊区的许多客户可以在大都市中心购物，伍德支持发展城市零售商店，将其作为留住顾客的一种方式。第一次世界大战后，农民收入下降，城市白领和产业工人的收入大幅增加，由于西尔斯以农民为主要销售对象，故销售额受到很大的影响。伍德根据当时美国市场的变化，特别是农村市场的变化，采取了新的经营策略，及时调整了目标市场。一方面，继续重视邮购业务；另一方面，同时为城市居民和农村消费者服务，大力发展零售店，扩展了服务对象。1925 年，伍德在位于芝加哥的西尔斯邮购工厂旧址开了一家实验性零售店，业绩斐然。到 1929 年，西尔斯先后开设了 300 多家百货商店，当年销售额的 40% 都来自这些百货商店。1931 年，西尔斯实体店零售业务的销售额首次超过其传统的邮购业务销售额。

第一批商店位于用于邮购业务的基础设施中，部分原因是为了将房地产成本降至最低，并最大限度地便于管理。但不久，伍德就不得不决定在别的地方开店。他开始将自己的商店与已有的众多其他品牌商店区分开来，把商店设在城市的郊区，那里的租金和停车费都很便宜，不再与其他百货公司竞争城市中心的位置。除了销售“软商品”（服装、食品等），他的商店也销售“硬货”，有农具、家具等西尔斯目录所包括的广泛的商品。

西尔斯一直忠实于为工薪家庭带来各种各样商品的营销传统，但它也认识到这些家庭的职业和居所在不断改变，于是它找到了一种利用为农村市场服务的经验来开发城市市场的方法。当时，伍德通过数据分析发现，美国的人口有向西和向南迁移的趋势，于是他将西尔斯的零售店更多地开设在美国的南部、西南部和西部区域。

由于实体零售店的成功，在上一任总裁去世后，1928 年 1 月，伍德获得了西尔斯掌门人的职位。

作为零售业的先驱，西尔斯的创新曾经无处不在。20 世纪 50 年代初，西尔斯开创了郊区型购物中心。这个购物中心将商业、服务和娱乐融为一体，非常受欢迎，并很快传遍了整个美国。郊区型购物中心的出现不仅是商业设施的重大变革，还影响着消费者的购物习惯和生活方式，甚至为第二次世界大战后的美国城市化做出了贡献。令人遗憾的是，曾经领导西尔斯近 30 年的伍德于 1954 年退休，在之后的几十年里，西尔斯再未有过卓越的领导者。

在“二战”后的几十年里，西尔斯凭借其丰富的产品目录、发达的产业链和令人满意的退款等售后保证，为美国不断扩大的中产阶级服务，并在美国中产阶级的商业服务中占据重要地位。

自 20 世纪初开始的 100 多年以来，西尔斯一直是美国第一大零售商。1895 年，该公司制作了一份 532 页的目录，被称为“消费者圣经”。西尔斯曾经出售过从婴儿奶瓶、玩具到服装、汽车零件，甚至包括可卡因和鸦片，其出售的商品应有尽有，曾经一度占据着美国人大部分的日用品市场。它的 500 余页邮购商品目录一直延续到 1993 年，是农村消费者日常用品的主要来源渠道。西尔斯目录能够获得如此巨大的影响力，部分归功于美国政府的一项名为“农村免费送货”

的计划，该计划将邮件路线延伸到了美国的农村地区。邮购业务能完美应对当时美国农村交通不便和农民进城购物困难的状况。西尔斯曾经“征服”美国市场，从家具到汽车，从洗衣机到缝纫机，应有尽有。同时，西尔斯首次提供好事达保险公司（Allstate）的汽车保险，并出售“西尔斯现代家居”，包括提供家具制作图纸、订购原材料和家具摆放的一站式服务。肯莫尔（Kenmore）品牌的家用电器改变了美国人做家务的方式，让西尔斯主导了美国家用电器市场。提供终身保修服务的工匠（Craftsman）品牌工具成为美国中产阶级的首要选择。诸如此类，都展现着西尔斯曾经的辉煌。

“繁荣与衰落”似乎是所有事物存在的终极法则，西尔斯最终也没能逃脱这样的命运。

20 世纪 80 年代，西尔斯被更具科学性与时代性的大型零售商如沃尔玛和家得宝超越。20 世纪 90 年代，沃尔玛通过捕捉“购买食品和日常必需品”的场景并以极高的效率和更低的价格优势，吸引了大量消费者。而家得宝则不断侵蚀西尔斯在家用电器和电动工具方面的市场份额，但当时的西尔斯仍然拥有一些知名品牌，包括工匠工具、肯莫尔电器等，以及一些黄金地段的商店。随着超市、便利店等新业态的快速发展，百货商店业态逐渐衰落。

2005 年 3 月 24 日，西尔斯与凯马特合并时，西尔斯控股旗下有西尔斯（Sears）、凯马特（Kmart）、工匠（Craftsman）、肯莫尔（Kenmore）、发现卡（Discover card）、好事达保险（Allstate）和科威国际（Coldwell Banker）等品牌。

（三）西尔斯倒下的原因

有人认为，西尔斯的倒闭是电子商务崛起对零售行业冲击的结果，显然这个说法并不那么准确。其实，2018 年美国的实体零售仍然占其零售市场总量的91%，而在线购物仅占9%。其他实体零售商如沃尔玛，并没有被电子商务零售商替代。

“冰冻三尺，非一日之寒”。美国媒体认为，西尔斯的问题是几十年积累而成的。它的失误可以追溯到20 世纪80 年代，西尔斯没能赶上美国人日渐改变的购物习惯。沃尔玛等大型零售商在价格优惠等多个方面均超越了西尔斯，不断抢占市场份额，不断挑战着西尔斯的“霸主”地位。

其实，西尔斯倒下的原因是多方面的。

1. 原因之一：华尔街投资人毁掉了这家百年老店

（1）实际控制人掌舵失误。

西尔斯的实际控制人兰伯特在公司管理上的失误和失职是导致西尔斯衰落的重要原因。

兰伯特曾在高盛公司工作，1988 年创立了自己的对冲基金 ESL 投资公司，ESL 投资公司在过去的20 多年年平均回报率超过20%，长期投资业绩突出。2004 年，时任董事长、对冲基金经理兰伯特通过将所持债务转换为股权的方式，从破产边缘收购了当时的另一家公司凯马特。一年后，凯马特以115 亿美元收购了西尔斯，两者合并成立了西尔斯控股公司，2005 年以来，西尔斯控股公司一直由他管理。该公司的董事会由其他富有的投资者主导，其中包括现任财政部部长史蒂文·姆努钦（Steven Mnuchin），他是兰伯特大学时的室友。兰伯特也曾表示，他的策略是将公司从实体时代转移到数字时代。

在控股西尔斯之前，兰伯特没有零售行业（经营大型零售连锁店）相关工作经验，他接手之后，尝试改造西尔斯。

2009年，兰伯特推出了一项名为*Shop Your Way*的奖励计划，西尔斯的顾客可以在购买商品时累积积分，在未来购买时用购物积分享受价格折扣或者兑换现金券。这一项目作为一种主要的转型策略一直推广到2012年，希望借此提高客户忠诚度，并更好地了解消费者的购买行为。但这个激励计划实际操作很复杂，顾客结账很不方便，导致有些顾客直接退掉装满购物车的商品而离开。有人认为这个项目的主要目的是获取顾客的个人信息，并将其信息出售给第三方公司。这个计划没有给西尔斯带来预期的销售或盈利结果，最终以失败告终。

西尔斯多年来一直都有网上零售业务，2009年7月，它推出了电子商务购物网站shopyourway.com，对其原有网上商店进行了改进。该电子商务解决方案允许其他商家通过西尔斯的网上商店销售商品，类似于亚马逊的网上商店。但该网站并没有如初期设想的那样给西尔斯带来巨大的良性变化。

为了向电商转型，兰伯特基本上不再往实体店投钱，导致一些西尔斯和凯马特实体店出现没有资金维修天花板漏水或者地板开裂等窘况。除此之外，店员人数严重不足，在需要职员帮助时，由于没有工作人员响应，导致顾客一怒之下空手离开的情况比比皆是。

毫无例外，这些创新都以失败告终。

(2) 实际控制人存在“以权谋私”的嫌疑。

近年来，西尔斯需要筹集巨额资金以维持生存，资金通常来自实际控制人兰伯特的对冲基金 ESL 投资公司（以下简称 ESL 投资公司）。

从股权结构来看，兰伯特个人拥有西尔斯控股公司约 31% 的流通股，ESL 投资公司拥有约 19% 的股份。除了控制西尔斯约一半的股票，兰伯特和他的 ESL 投资公司还持有大约 40% 的公司债务。其他股东曾经起诉过 ESL 投资公司，质疑兰伯特利用职权剥离西尔斯控股公司的核心资产，比如资产的销售价格远低于市场价格，使自己和他关联的 ESL 投资公司受益，并没有把西尔斯控股公司利益放在第一位。例如，在过去的几年，兰伯特通过 ESL 投资公司先后出借了超过 11.2 亿美元及 6.79 亿美元两笔贷款给西尔斯，西尔斯将向 ESL 投资公司支付手续费和利息。有股东投诉称，一笔 2014 年的 4 亿美元贷款，西尔斯控股公司就要向兰伯特和 ESL 投资公司支出 1900 万美元的手续费和利息。根据贷款协议，如果西尔斯公司在到期时无法支付欠款，兰伯特和 ESL 投资公司将有权自行保留相应的商店和库存。价值 5 亿美元的 25 家商店为获得这 4 亿美元做了担保。

兰伯特于 2015 年创立了房地产投资信托公司 Seritage Growth Properties（以下简称“Seritage 公司”），他和 ESL 投资公司共同持有该公司 43% 的股份。在创建 Seritage 公司之后，兰伯特开始了一项大型房地产交易。2015 年，西尔斯通过将 235 家门店出售给 Seritage 公司，筹集了 27 亿美元资金。这家公司后来将部分门店返租给了西尔斯控股公司，同时将剩余部分租给了其他零售商、餐厅、保龄球馆和住宅开发商。在这些门店中，Seritage 公司有权使用其任意面积，以高达 4 倍的租金租给其他零售商。西尔斯控股公司从拥有自己的店面直到不得不支付租金，租金再次让兰伯特受益。

近年来，兰伯特试图改变西尔斯控股公司的困境，大幅削减零售店数量，并出售了许多自有品牌，但该公司的经营情况一直没有改善，自 2012 年以来损失超过 100 亿美元，还有数十亿美元的未偿还债务。兰伯特精心策划了一系列交易，这些交易在短期内为该公司带来了现金，但却抛售了可支撑该公司长期良好发展的最有价值的资产，如该公司旗下众多有价值的地产和品牌。

有人认为，兰伯特卖掉西尔斯控股公司标志性品牌的目的是为自己赚钱，虽然他帮助公司从 ESL 投资公司获得了数亿美元的贷款，但他的真正目的是从公司收回债务和关键资产。

即使在破产案中，兰伯特的 ESL 投资公司也拥有该公司约 40% 的债务，其中包括由西尔斯和凯马特财产担保的约 11 亿美元贷款。这样，兰伯特可以强迫西尔斯控股公司出售商店或者将关键资产转让给他以偿还债务。

（3）实际控制人个人英雄主义作风严重。

兰伯特从不接受任何挑战他权威的观点，哪怕这些观点有利于西尔斯改善其业务。

在商业领域，决策者“独断专行”是一种需要特殊分析的现象。兰伯特不仅缺乏零售经验，而且不愿意倾听任何人的建议。在所有公司决策中，他相信自己的决策没有错，错误都在执行人员身上，这直接导致多名高级管理人员在过去几年内接连离职。近年来，西尔斯的高管在任时间往往持续不到2年。

2. 原因之二：战略方向失误

（1）业务重心、零售策略失误。

西尔斯的竞争对手沃尔玛和亚马逊等都在对业务进行升级，包括更好的用户体验、更便捷的技术升级、更好的产品和更多的产品线等，而西尔斯控股公司在零售策略上却毫无建树，这导致了其对客户的吸引力越来越弱。根据西尔斯控股公司官网披露的财报数据，2005 年，西尔斯控股公司的收入约为489 亿美元，利润为8. 58 亿美元。但是到2017 年，西尔斯控股公司当年收入下降到约167 亿美元。且2011 年以来，净利润全部是负数。

表 5－1　西尔斯控股公司财务概况　　单位：百万美元

年份	2017	2016	2015	2014	2013	2012	2011
Total revenues 总收入	16702	22138	25146	31198	36188	39854	41567
Net Income（净利润）	－383	－2221	－1128	－1810	－1116	－1054	－3147
年份	2010	2009	2008	2007	2006	2005	
Total revenues 总收入	42664	43360	46770	50703	53016	48911	
Net Income（净利润）	150	297	53	826	1490	858	

数据来源：西尔斯控股公司官方网站。

西尔斯控股公司的许多问题都是自身造成的。近年来，其管理层通过关闭商店、削减库存和剥离相关业务来降低成本。但节省下来的钱却投向了银行业和房地产等领域，其商店即使破旧不堪也不进行维修和翻新。西尔斯和凯马特的门店变得越来越破败不堪。相比之下，西尔斯控股公司的竞争对手却投入巨资改造其商店以使其更加现代化。

“屋漏偏逢连夜雨”，近年来，供应商由于担心西尔斯控股公司会拖欠货款或者无法付款而纷纷取消订单。供应商拒绝提供商品，导致西尔斯没有商品可以卖给顾客，顾客无法购买到想要的商品，便会认为商店会关门，退货将不被接受，购物卡也不会被赎回等。而且供应商不再把产品卖给西尔斯控股公司，而是专注于卖给它的竞争对手沃尔玛和塔吉特等。

由于破产迫在眉睫，供应商要求西尔斯其预付现金购进店内的商品，这使其在与其他零售商的竞争中处于更加不利的地位。供应商大幅限制了赊购商品的数量，使西尔斯控股公司在关键的假日购物季更难与其他零售商竞争。例如，惠而浦在 1 个多世纪前就在西尔斯销售家用电器，2017 年却将旗下各种品牌从西尔斯和凯马特门店中撤出。

（2）放弃旗下知名品牌。

2010 年，西尔斯控股公司把旗下一些旗舰店的店面租给其他零售商，其中包括快时尚零售商 Forever 21 和美国全食超市公司（Whole Foods Market）。2011 年，西尔斯控股公司宣布与西方运动俱乐部和冈萨雷斯杂货店（Gonzalez Grocery）达成租赁协议，并在其网站上公布了 4000 家门店，且向其他商户提供零售空间。

西尔斯控股公司长期以来一直是其重要自有品牌的独家零售商，但 2011 年以来，旗下“销量担当”皇冠品牌如肯莫尔电器和工匠工具等知名品牌陆续被出售。没有了这种排他性，顾客在西尔斯和凯马特购物的理由就更少了。

（3）陷入门店持续减少和连续裁员的恶性循环。

根据彭博社（Bloomberg）的数据，2006年西尔斯控股公司全盛时期有2000多家西尔斯门店和约1400家凯马特门店。由于西尔斯控股公司管理团队的战略失误、外部经营环境的变化以及消费者购物习惯的改变等因素，致使西尔斯控股公司在过去的13年里关闭了近2800家门店。连续关闭门店使公司的品牌优势、规模效应持续受损，导致西尔斯控股公司原有的客户群体持续流失、运营成本持续增长及经营业绩不断下滑，反过来使其被迫进一步关闭亏损门店。

同时，随着西尔斯控股公司相关门店的持续关闭，大幅的裁员也在所难免，裁员数量的急剧增加，使现有员工的信心受到较大的挫伤，员工对企业的忠诚度也大幅度下降，员工的工作积极性及对客户的态度均发生了较大的不利变化，进而致使客户对西尔斯控股公司的品牌认同度进一步降低。

如此反复，使西尔斯落入了不断自我强化的恶性循环中。

（4）对员工权益和福利的重视不足。

西尔斯从创始人理查德·西尔斯时期开始就很重视员工的福利待遇，于1907年建立了员工带薪休假和折扣购物制度。

在伍德领导西尔斯期间，从1916年开始，员工储蓄和利润分享退休基金增长迅速。伍德认为这是他从事商业事务的最大骄傲。到1969年伍德去世时，该基金成为西尔斯的最大股东。

20世纪60～70年代，西尔斯各级员工均分享了公司的成功。高级管理人员、收银员甚至门卫都参与了利润分享，并获得了公司价值巨大的股票期权。

但是好日子一去不复返，2005 年以来，兰伯特开始实施削减成本计划，包括大幅削减基层员工的收入。服务人员收入急剧减少，甚至难以维持生计。紧随而来的就是服务出现问题，服务人员不再笑脸迎客，甚至是“板着脸”，顾客的购物体验也越来越差。在随后的几年里，西尔斯控股公司成为美国服务最差的百货公司之一，西尔斯也陷入了销售下滑，员工工资下降，员工抗议和销售再次下滑的恶性循环中，员工和公司的关系不断恶化，导致员工流失率越来越高。

虽然 CEO 薪酬似乎接近行业平均水平，但其他高管薪酬却不到行业平均水平的一半，这可能意味着西尔斯失去了吸引顶尖人才的机会，这是西尔斯管理层流失率居高不下的原因之一。

多达 10 万名退休的员工仍然领取养老金，预计这些养老金在破产时基本上没有受到损害。由于该公司近年来出现了现金流出并出售资产，联邦监管机构要求兰伯特向养老金计划注入现金。然而，像人寿保险这样的退休人员的其他福利可能会受到影响。

编者语：西尔斯控股公司每家门店的员工数量还不到行业平均水平的一半，因此不建议进一步减少员工数量，而应该努力寻找其他降低成本的方法。如果能够加大对销售人员的投入，将改善顾客的购物体验，避免客户的进一步流失。

（5）组织结构不适应竞争激烈的零售环境。

2005年西尔斯和凯马特合并后，兰伯特削减了资本支出，试图创建一家更有效率的公司。他重新调整了西尔斯的结构，采用对冲基金投资组合一样的组织模式，将公司分成30多个独立单位，每个单位单独承担业绩指标，旨在鼓励公司内部的健康竞争，从而更好地为整体业务提供动力。因此，西尔斯几乎有30多个不同的业务部门，如家居用品或鞋子，每个业务部门都有自己的管理团队，甚至独立决策运营，这导致管理团队间为了争夺资源摩擦频繁，同一商店的销售人员甚至拒绝互相帮助。该模式使得单位之间只有竞争没有合作，产生了“敌对的部落文化”和“不存在合作和协作状态”，最终导致大量高级管理人员、经验丰富的老员工流失。

由于库存和销售的复杂性，单位之间相互合作在零售业至关重要，但兰伯特以经营对冲基金投资组合的方式来经营西尔斯控股这样的零售业公司，在这种组织结构中，团队之间没有相互合作，而是在一个稀缺的资源基础上相互竞争，实践证明是完全错误的。

（6）未真正找到一种以竞争方式为其客户提供价值的方法

表5-2　西尔斯财务概况　　单位：百万美元

年份	2017	2016	2015	2014	2013	2012
Total revenues 总收入	11084	13488	14958	17036	19198	20977
Operating Income 营业收入	-797	-1448	-708	-920	-940	-656

年份	2011	2010	2009	2008	2007	2006	2005
Total revenues 总收入	21649	22275	22989	25315	27845	29179	25868
Operating Income 营业收入	-1447	-149	87	-237	784	1323	909

数据来源：西尔斯控股公司官方网站。

表5-3 凯马特财务概况 单位：百万美元

年份	2017	2016	2015	2014	2013	2012	2011
Total revenues 总收入	5618	8650	10188	12074	13194	14567	15285
Operating Income 营业收入	367	-530	-292	-422	-351	5	-34
年份	2010	2009	2008	2007	2006	2005	
Total revenues 总收入	15593	15743	16219	17256	18647	19094	
Operating Income 营业收入	353	190	172	402	948	767	

数据来源：西尔斯控股公司官方网站。

财务报表数据显示，2006年以来，西尔斯控股公司没有任何一年的销售额或可比销售额实现增长，即西尔斯控股公司的销售额近10多年一直在下降。尽管在此期间关闭了数百家商店，但西尔斯和凯马特剩余门店的经营业绩依旧继续恶化，过去几年同店销售不断下滑。近年来，通过关闭商店、裁员、减薪及出售资产等削减成本的方式，除减缓货币损失之外几乎没有什么作用。西尔斯控股公司从未真正找到一种以竞争方式为其客户提供价值的方法。

这些都意味着西尔斯控股公司的生存空间在持续被压缩。可是，兰伯特还在通过他的对冲基金提供数亿美元有息贷款维持其运营，且一直在努力寻找资金，他没有意识到如果没有找到恢复品牌忠诚度、提高销量、提高员工凝聚力的合适策略，如果不能由对冲基金（金融工程）的角色转变为零售商角色，西尔斯控股公司迟早会倒闭。

3. 原因之三：错失关键时机

事实上，兰伯特在其拥有优势的资本配置方面也表现不佳。西尔斯有机会收购其当时最大的竞争对手、全球领先的家居建材用品零售商家得宝，但兰伯特更看好房地产行业，因而错过了良机。

另外，西尔斯还错失了通过凯马特吸引大量城市低收入消费者的良机。相反，由于缺乏专注，它将有利可图的业务让给了沃尔玛和其他零售商。

4. 原因之四：其他美国本土零售企业的竞争

1962 年 3 月 1 日，第一家凯马特开业。1962 年 7 月 2 日，第一家沃尔玛开张。1962 年，第一家塔吉特也开业了。1995 年，亚马逊成立并销售出第一本书。

自 20 世纪初的 100 多年来西尔斯一直是美国的头号零售商。随着仓储店、超市、便利店和其他新业态的迅速发展，百货商店逐渐走向衰落。过去的几十年，在线商店、沃尔玛（Walmart）和家得宝（Home Depot）等大型卖场在价格和便利性上超越了西尔斯，使其逐渐失去了消费者的青睐。同时，随着互联网和金融业的快速发展，西尔斯也没有随着消费者习惯的变化而改变，逐渐失去了市场立足点。20 世纪 90 年代初，沃尔玛在销售额上超过了西尔斯。

近年来，西尔斯一直在与沃尔玛、亚马逊进行着激烈的竞争，希望以更低的价格为消费者提供相同质量的服务。

根据一项对美国消费者的调查显示，西尔斯购物者的平均年龄约为 45 岁，每年的收入略高于 59000 美元。与此同时，凯马特购物者的平均年龄略高于 43 岁，每年的收入约为 53000 美元。沃尔玛购物者的平均年收入约为 55200 美元，美国伯灵顿百货公司购物者的平均年收入约为 59100 美元，美国杰西潘尼百货商店购物者的平均年收入约为 61000 美元，美国罗斯百货商店购物者的平均年收入约为 61400 美元，通过查看购物者的家庭收入，我们发现沃尔玛是西尔斯和凯马特最具可比性的零售商。

（1）西尔斯控股公司与沃尔玛的对比。

西尔斯控股公司的投资者、董事会和高级管理团队在战略或战术方面经常存在分歧，特别是在公司经历快速变化和业绩恶化的时期。例如，为了让公司成为一个更具竞争力的零售商，高级管理团队提出通过采用先进技术和降低商品价格等方法来刺激销售业绩增长的策略，但ESL 投资公司认为该策略风险很高，不太可能成功，因而没有同意。

近年来，随着西尔斯控股公司销售额的下降，盈利能力也在持续下降。公司的投资者给管理层施加压力，要求其关闭亏损的商店、减少管理费用，并出售未支配资产。2012 年以来，西尔斯一直使用资产出售来帮助运营和弥补每年的净亏损。

编者语：其实这不是削减成本的最佳时机，应该重新考虑公司商业模式，应以客户需求为中心，加大技术和服务投入，提升客户体验。

在经营管理上，近年来西尔斯控股公司通过金融资本管理理念来运营零售企业，而沃尔玛则一直是通过踏踏实实做实业的经营理念来管理运营零售企业。

一般来说，金融资本都有短期投资回报的要求，随着消费者需求和偏好的改变，加上西尔斯控股存在的各种问题，使西尔斯控股公司自 2010 年以来持续亏损。同时，2011 年以来西尔斯控股公司关闭了数千家门店，竞争激烈的市场中想保持长期盈利越来越难，ESL 投资公司想收回对西尔斯控股公司的原有投资也越来越难。

为了获得更好的投资回报，兰伯特忽视了零售业中最重要的角色——客户。因此，也就未在产品和服务上、未在如何提高客户购物的舒适度和忠诚度上下大功夫。例如，2006—2017 年在西尔斯和凯马特上仅投入了 40 亿美元的资本支出，包括升级改造商店、客户忠诚度计划及科技支出等，这相当于不到其年收入的 1%，与其他竞争对手如塔吉特和梅西百货的年收入 4% 的资本支出相差甚远。一般来说，零售商通常将其年收入的 2% ~4% 用于商店升级和其他改进。在兰伯特掌控西尔斯控股公司的 10 余年里，这家公司没有一个真正适合零售业的可行的经营策略。

随着近年来业绩的持续下滑，西尔斯控股公司一直通过资本运作方式筹集资金来维持公司生存，不断地出售优质资产、关闭门店、裁减人员，一直在试图重塑自己。正如前面提到的，它出售肯莫尔电器、Land’s End 服装系列等品牌时，兰伯特实际上最终成为其最大的拥有者。兰伯特的做法不太像是在拯救公司，更像是通过 ESL 投资公司和 Seritage 公司获得良好的投资回报。这不是健康经营企业的方式，更像是一场金融掠夺。在过去的几年，公司能够在资产负债表上获得关键现金流的主要方式是通过兰伯特和其 ESL 投资公司主导的资产出售和借贷，并对房地产资产进行证券化。

编者语：西尔斯控股公司与其大股东 ESL 投资公司之间的商业交易属于“关联方交易”，在投资决策过程中如果遇到类似存在关联交易的企业时要特别注意。

而沃尔玛作为一家折扣零售商，通过多个方面提升竞争力，例如，想尽各种方法降低成本，做到薄利多销，让利给顾客；以顾客为中心，营造非常舒适的购物环境，提供更周到的服务；采用以人为本的企业文化，善待员工，极大地激发了员工的积极性和创造性。在美国，沃尔玛相较于西尔斯控股公司受欢迎的程度可想而知。

沃尔玛有能力以独特的方式推销其商品。该公司遵循以客户为中心的战略，这意味着准确地细分和定位市场，然后定制报价以满足这些细分市场的需求。例如，使用模块化类别分类计划系统（MCAPS），该系统检查商店特征和历史销售数据，以规划最适合特定市场的产品布局。该数据有助于公司找到目标客户的购买模式。

编者语：也可以利用本书第一章所提及的大数据和人工智能技术挖掘目标客户的真实需求，从而为客户提供更好的产品和服务。

20 世纪 90 年代早期，沃尔玛还鲜为人知。沃尔玛通过更低的每日价格、多个商店细分市场、更多的名牌商品、降低运营成本、强调客户满意的服务、广泛的选择产品、有纪律地扩展到新的地域市场以及使用收购进入国外市场等战略，通过提供优质的服务和低廉的价格，业绩稳步攀升，且不断进行产品和服务创新。而西尔斯控股公司却骄傲自满，没有寻求创新来提升自己，也不能充分利用它对其他零售商的巨大先发优势，这使得沃尔玛有机会建立自己的品牌并最终超越了西尔斯控股公司。

（2）西尔斯与沃尔玛的对比。

①零售策略。

西尔斯和沃尔玛都在零售行业获得了令人印象深刻的回报。然而，这两家大型百货连锁店的零售策略各不相同。沃尔玛是一家折扣零售商，甚至有一个口号叫“永远低价”。相比之下，西尔斯是一家更为传统的百货公司。基于这一区别，沃尔玛关注的是高营业额而不是利润率。沃尔玛推出“一站式”购物新概念，提供的杂货、玩具和娱乐选择比西尔斯百货公司更多，使自己更像是“一站式”购物中心。沃尔玛倡导一站式购物体验和批量购买，客户可以在最短的时间内以最快的速度购买所需的所有产品。这种快捷方便的购物方式吸引了现代消费者。沃尔玛专注于质量较低的替代品，提供了很多产品，但价格更低。

②产品及服务种类。

沃尔玛和西尔斯提供不同的混合产品。西尔斯通过将珠宝、家用电器、厨具、床上用品、服装和化妆品等多样化的产品组合，扩大其年销售额，成为曾经的全球最大零售商；除了零售业务，西尔斯还涉足信贷和服务业务，西尔斯推出了自己的信用卡，并采取了类似于金融机构的措施；西尔斯还提供家庭装修和家电维修等服务。沃尔玛也提供信用卡服务，但与西尔斯不同，其通过大通曼哈顿银行，而不是自己的信用卡公司，大通曼哈顿银行为这些持卡人承担信用风险；沃尔玛也不是纯粹的零售商，它采用当时一种新的零售形式——会员制，山姆会员商店是沃尔玛运营的一个特色，也是其抢夺市场份额的重要武器。

③客户定位。

沃尔玛选择了多种零售形式来瞄准不同层次的目标客户。第二次世界大战后，消费者的结构开始不断变化，原来的中下阶层逐渐分为“中上”和“下”两个阶层。沃尔玛在应对这一变化时，果断采用了不同形式的商业品牌战略。针对不同的细分市场目标客户，沃尔玛采用不同的零售业务形式发起全面攻击，抢占了高端和低端市场，并通过不断提供更好的服务体验渗透到中产阶层，逐步扩大在中端市场的影响力。沃尔玛通过1983年创立的仅向会员提供各种折扣和服务的山姆会员店、1987年创立的沃尔玛综合百货商店、1988年创立的沃尔玛购物广场等，赢得了很多原本属于西尔斯的客户，逐渐取代西尔斯在美国的地位，成为零售业的第一品牌。西尔斯曾经试图改变产品结构，以更好地满足其目标市场——中产阶级的女性消费者，但是效果未达到预期。

④客户服务水平。

在为客户服务水平方面，沃尔玛通过采用一些最前沿的技术、现代化的信息技术（如在20世纪90年代采用世界领先的卫星定位系统（GPS）来提高配送效率），以速度和质量来为客户服务，赢得了客户较高的满意度和忠诚度。沃尔玛一直稳定而持续地投入资金来改善客户体验，真正做到了以客户为中心。例如，沃尔玛用于草坪和花园中心的新移动POS系统，使用方便，很好地满足了客户的零售需求，体现了沃尔玛对客户服务的承诺。当客户遇到了支付方面的问题时，沃尔玛的工作人员也乐意倾听客户的意见，并积极想出解决问题的方案。相反地，近年来，西尔斯并没有做出任何重大改变来加强其商店服务的功能，没有与时俱进地改善客户的零售体验。

⑤价格策略。

在价格策略方面，沃尔玛的重要战略就是“价格领先”，通过拥有业内最低的运营成本，向客户提供市场上最低的价格，使其具有竞争优势。沃尔玛赢得这么多客户的重要原因是它提供的产品比其他竞争对手便宜一些。科技和创新投资使公司能够负担得起该战略并仍然从中获益，其尖端技术与物流系统的巧妙结合至少比其竞争对手早了10年，这使沃尔玛拥有灵活高效的物流配送系统与供应链管理系统，能够尽可能地降低采购、物流配送等供应链全过程中的成本，然后把节省下来的费用让利给消费者，这让沃尔玛从激烈的零售竞争中脱颖而出。

沃尔玛对市场的支配优势以及美国最大数量的客户群体优势使得其拥有不断降低商品价格的能力。沃尔玛利用这一资源，实现了规模经济。有研究表明，沃尔玛的产品价格优于竞争对手的平均价格约为10%。平均而言，竞争对手对沃尔玛进入市场的反应是降价约11.2%，大型连锁超市的反应通常不到这个数字的一半。沃尔玛有时提供的价格如此之低，以至于它被指责使用掠夺性定价（将价格设定在成本以下，以便将某些竞争对手赶出市场）。对家庭而言，选择在沃尔玛购物每年可以节省大约1000美元的成本。

⑥销售策略。

在销售渠道方面，西尔斯一直与时俱进。当电话开始流行时，西尔斯推出了电话购物；当电视开始流行时，西尔斯推出了电视购物；当互联网普及时，西尔斯又推出了在线销售。西尔斯拥有遍布美国和欧洲的连锁店，拥有电话购物、电视购物、在线销售等各种销售渠道，其销售网络规模庞大而有效。

沃尔玛通过传统商店（折扣店、超级购物中心、社区市场等）和网络在线（电子商务方式）渠道销售商品。虽然沃尔玛的大部分销售额来自实体店，但是在线购物功能也很强大。通过网站 www. walmart. com，客户可以找到每周折扣、下载制造商的优惠券、阅读客户评论、注册简报、找到最近的商店等各种菜单功能，在线购物。如果购买成本超过一定金额，还可以免费送货。此外，订单还可以在付款后跟踪。通过在线购物，客户可以每周 7 天，每天 24 小时随时购物，这有助于提高客户的满意度。

⑦人力资源。

在人力资源建设方面，近年来，沃尔玛善待员工，采用以人为本的企业文化，极大地激发了员工的积极性和创造性。沃尔玛投资开发了自己的应用程序——沃尔玛调度系统程序（My Walmart Schedule），使用技术简化运营，使得员工和管理层可以轻松查看他们当前的日程安排，可以通过程序申请未分配的班次，以及关注他们的假期。在员工福利待遇方面，沃尔玛的大多数员工都可以非常低的价格获得医疗保险，沃尔玛还为员工实施了现金激励计划，员工可以根据业绩获得额外收入。

⑧零售地点。

西尔斯和沃尔玛的零售地点也明显不同。

沃尔玛的经营场所是采用租赁方式获得，而西尔斯的经营场所大部分是自己购买土地修建的。西尔斯在决心进入连锁店时代，以低成本在人口有增长趋势的城市郊区购买土地，以获得低廉的建设成本和良好的地理优势。

在店铺选址方面，沃尔玛主要考虑顾客购物是否便利。甚至在西尔斯和凯马特曾经不屑一顾的偏远的美国小乡镇，沃尔玛在每个缺乏便宜货的小乡镇均开设了商店。

在美国，沃尔玛最初主要专注于小城镇或大城市的边缘地区，甚至在人口超过4500人的小城镇郊区建立了自己的商店。一方面，目标市场不是西尔斯和凯马特等行业巨头关注的重点对象，甚至被他们忽视。另一方面，当时美国乡镇居民有足够的购买力，但是生活条件和基础设施尚不完善。沃尔玛凭借多样化的商品和低廉的价格，甚至吸引了周围几十到几百千米的居民来购物。虽然沃尔玛关注的市场领域在别人看来原本无利可图，但却为它带来了生存和发展的机会，这也是沃尔玛实施“农村包围城市”战略的前提。在接下来的几十年里，沃尔玛继续布局其他零售商所忽略的小城镇，不断壮大自己，逐渐扩展到全国零售市场。

⑨海外市场。

西尔斯加拿大公司是西尔斯在加拿大的子公司，起源于1953年西尔斯和加拿大百货连锁店辛普森有限公司的合资企业，该公司于1953年至2018年1月14日运营。

1978年，哈德逊湾公司购买辛普森零售连锁店之后，该合资企业被拆除，西尔斯加拿大的商店由西尔斯独家拥有。1999年，西尔斯加拿大公司收购了历史悠久的加拿大连锁店伊顿公司的剩余资产和门店。2014 年开始，西尔斯控股公司拥有西尔斯加拿大公司 10% 的股份，ESL 投资公司成为西尔斯加拿大公司的最大股东。

2017 年 6 月，西尔斯加拿大公司申请破产保护，2017 年 11 月开始破产清算。西尔斯加拿大公司的审计财务报表反映了日益恶化的财务状况，2014—2016 财年（包括 2016 年）的三年内净亏损总额为 7.277 亿美元。而该公司 2013 年的净收益还为 4.465 亿美元，并宣布派息为 5.094 亿美元。2012 财年，该公司盈利 1.012 亿美元，并宣布派息 1.019 亿美元。导致西尔斯加拿大公司倒闭的原因与美国西尔斯破产的原因基本上是相似的。

扩大海外市场是 1994 年以来西尔斯一直在实施的营销战略，成立了西尔斯国际营销公司来负责海外市场。刚开始在墨西哥建立商店和邮寄中心，截至 2000 年底，西尔斯在墨西哥拥有 46 家授权商店。后来西尔斯在关岛、海地、洪都拉斯和其他地方都拥有授权商店。

与西尔斯相比，沃尔玛意识到建立新店将有助于提高市场份额。随着沃尔玛在国内从农村走入城市并取得成功，该公司再次决定走向国际化。沃尔玛意识到收购现有的零售公司对扩大国内和国际市场是十分必要的，最终通过收购实现了国内和国际市场的同步快速扩张。

沃尔玛一直在努力通过新店建设和收购存店方式扩展其在美国以外地区的业务。在这一过程中，必须面对不同国家或地区的巨大文化差异、消费习惯差异。面对错综复杂的国际市场，沃尔玛采用不同的应对策略：一方面，开展多品牌经营，如英国的 ASDA、墨西哥的

Walmex 和日本的 Seiyu；另一方面，合资合作经营，如 1992 年与墨西哥零售公司 Cifra 成立合资企业，在墨西哥城开设山姆会员俱乐部；还有通过购买大量印度电子商务品牌 Flipkart 的股份控股进入印度市场。从那时起，沃尔玛已在全球范围内扩展成为最大的国际零售商（按收入计算）。

2018 年，沃尔玛在全球拥有 11718 家门店，包括三大类 ：沃尔玛美国、沃尔玛国际和山姆会员俱乐部。其中 5358 家位于美国市场，6360 家位于国际市场，包括英国、墨西哥、日本、加拿大、中国以及巴西等。沃尔玛通过其商店和电子商务网站为 28 个国家/地区的客户提供服务。除美国外，墨西哥还是沃尔玛最大的市场，2017 年的商店数量为 2411 家。沃尔玛的非美国收入在 2018 年达到 1197. 63 亿美元，占其总销售额的 23. 9%。虽然沃尔玛在德国等地的扩张基本上没有成功，但是其国际业务这些年整体上保持持续增长。沃尔玛的国际扩张战略不仅有助于公司发展，还可以增强公司在零售业的领导地位，实现收入来源多元化，整体上提升抗风险能力，并从全球性规模经济中获益。

（3）凯马特与沃尔玛的对比。

凯马特公司是现代超市型零售企业的鼻祖，经营包括传统的凯马特商店、凯马特超市和凯马特大卖场。第一家凯马特商店于 1962 年开业，比第一家沃尔玛早了几个月，沃尔玛的创始人复制了凯马特的业态模式。折扣巨头凯马特和沃尔玛之间的争斗始于两家公司于 1962 年成立之初，凯马特在前 25 年成为明显的赢家。1987 年，凯马特的折扣店数量几乎是沃尔玛2倍，为2223家，沃尔玛为1198家。凯马特的销售额为256.3亿美元，而沃尔玛的销售额仅为159.6亿美元。

多年来，凯马特一直是美国排名第一的折扣型零售商，20世纪80年代，公司的命运开始发生变化。凯马特的许多商店被认为已经过时且处于腐朽状态。但20世纪80～90年代，凯马特并没有专注于核心业务，继续实施多元化战略，而是将其重点从凯马特商店转移到其收购或创建的其他公司，而这些企业在1994年和1995年被分拆出去。例如，美国运动用品零售商体育管理局（Sports Authority）是一系列体育用品连锁商店，于1990年被凯马特收购并于1995年出售（体育局于2016年停业）。再如，鲍德斯图书（Borders Books）是凯马特于1992年收购的一系列书店。1994年，Borders Books与凯马特旗下连锁店Waldenbooks合并成立了Borders－Walden集团，该集团于1995年被出售（该公司后来更名为Borders集团，并于2011年停业）。

1990年底，沃尔玛以326亿美元的销售额超过了凯马特，当年凯马特的销售额为297亿美元，沃尔玛因而获得了“世界上最大零售商”的头衔。

折扣零售业务的开创者凯马特在经历了多年的管理层决策失误、低效运营后转向了重组。2003年，凯马特快速完成了重组，并成为一家新的重要企业。2005年，西尔斯和凯马特合并成立西尔斯控股公司。

①创新研发。

在技术研发方面，沃尔玛持续投入，有效收集和分析客户行为数据，与此同时，甚至通过创新来预测消费者的需求。而凯马特却不太愿意加大研发投入。例如，沃尔玛通过有效收集和分析客户行为数据了解到，女性购物者不仅希望洗涤剂价格低廉，而且想要洗涤剂量足够大，以至于不必每个月购买一次以上，但洗涤剂盒子所占的空间又足够小，这样就可以把盒子带到汽车上。但凯马特却坚持出售大盒子洗涤剂的政策。

在供应链管理方面，沃尔玛很早就通过创新方式提高供应链管理水平来控制成本，包括产品、消费者行为和销售业绩跟踪技术等。但是凯马特很晚才意识到供应链管理技术可能很有用，且没有引起足够的重视。例如，凯马特未能将足够的资金和资源用于更新供应链管理技术以保持其商店库存充足。这导致由于商店和配送中心之间的通信不同步，季节性商品会迟到。凯马特库存周转速度不快，导致现金流减少、运营成本增加，最终导致利润微薄或无利润。

编者语：可以利用本书第一章提到的大数据和人工智能技术来分析客户行为数据，从而挖掘出有价值的商业信息，更好地满足客户需求。

②市场定位。

沃尔玛能够将自己定位在一个足以支持企业盈利的利基市场，而凯马特却未能正确定位自己并建立起一个有利可图的利基市场。作为沃尔玛的顾客，知道去沃尔玛购物将省钱并仍然能感受到被重视，节俭和精明的顾客认为便利性、愉快的购物环境以及他们认为具有良好价值的产品都很重要。较之沃尔玛许多产品的价格略高，塔吉特在相对质量和对设计的关注方面享有盛誉，特别是在服装和家居用品等领域。消费者倾向于使用塔吉特的服装系列，因为它们具有时尚的造型和耐用性。去塔吉特购物，顾客知道将以合理的价格获得时尚产品。沃尔玛和塔吉特都不遗余力地在内部专注于建立适合他们竞争方式的能力和产品，它们都知道如何为客户提供价值。但是，凯马特却没有属于自己的利基市场，相比之下未能发展出一种独特或差异化的竞争方式，这样和竞争对手相比就没有了优势，从而缺乏竞争力。事实上，许多老客户已经放弃了凯马特。如果他们想买更便宜的东西，就会去沃尔玛。如果他们更注重时尚的商品风格，就会首选塔吉特。

③客户服务水平。

在现场购物体验方面，沃尔玛和塔吉特在购物中心的商品摆放有条理、整洁，而且店员数量充足，他们友好和乐于为顾客服务。相比之下，凯马特的购物中心货架不足、商品摆设杂乱，为了节省人工成本，店员数量明显不足，顾客遇到问题时也不容易从店员那里得到帮助。

在零售业，零售企业不但需要提供舒适的购物环境，而且需要提供优质周到的服务才能在顾客心中树立品牌形象。仅依靠物美价廉的商品是不够的。客户也希望在购物的同时享受到细致而优雅的服务。在折扣零售商沃尔玛、塔吉特和凯马特争抢顾客的长期战争中，价格便宜是沃尔玛的优势。虽然凯马特许多产品的价格略高，但价格并不能代表一切。沃尔玛正是考虑到这一点，从客户的角度出发，以其优质的服务吸引了大量客户。

在产品与服务方面，沃尔玛和凯马特均在各个购物中心库存各种产品，包括办公用品、食品及珠宝等。大多数情况下，沃尔玛遍布全国的数千家商店分散在许多消费者的便利范围内，许多沃尔玛商店还提供包括肖像工作室、健康诊所和视觉中心等全方位的服务，已成为一站式购物目的地。同时，沃尔玛成千上万的购物中心拥有大量库存，尤其是在杂货店。而凯马特商店的服务设施及服务水平相比沃尔玛相距甚远，且凯马特商品价格更高，可选择商品种类相对有限。沃尔玛很少缺货，但凯马特却经常缺货。

④零售地点。

除了商品的质量和价格，商店选址也是沃尔玛超越凯马特的关键因素之一。相反，凯马特长期致力于美国城市地区，商店总是位于大城市的中心。据统计，凯马特占据美国 331 个大都市统计区域中的 283 个，其人口密度和多元文化构成的特质被认为是“城市市场”，那里不但地价高，而且劳动力成本高，因此在价格上其商品无法与沃尔玛相提并论。此外，商店在市中心的位置也意味着停车位很难找到，这自然会使习惯于自驾购物的美国消费者感到非常不方便。正如前文所述，沃尔玛主要专注于小城镇或大城市的边缘地区，凭借其经营优势大幅进入凯马特的世袭领域，凯马特的市场份额一直在萎缩，沃尔玛逐步赶上并最终超过了凯马特。

⑤海外市场（或称国际业务）。

1981 年，第 2000 家凯马特（Kmart）商店开业。截至 1981 年底，美国、加拿大和波多黎各共有 2055 家凯马特商店。

1992 年，凯马特在捷克和斯洛伐克两个国家收购了 13 家商店进入欧洲市场，这些商店于 1996 年售罄。

1994 年，凯马特在墨西哥和新加坡分别建立了合资零售企业，1996 年新加坡公司被解散，1997 年墨西哥公司被出售。

诚然，凯马特也有做得好的方面。例如，沃尔玛和凯马特都发行信用卡，凯马特因其信用卡可以分期且达到一定条件可免除服务费而更受顾客欢迎。但这并不足以让其抵挡来自沃尔玛的强大进攻。

2009 年 11 月，凯马特报告自 2005 年以来首次销售额同比增长 0.5%，仅为 2001 年以来的第二次增长。

2010 年和 2011 年第一季度，由于销售不佳和盈利能力大幅下降，凯马特陆续关闭了几十家门店。2011 年 12 月 27 日，在一个灾难性的假日销售季节之后，西尔斯控股公司宣布将关闭 100 ~ 120 家西尔斯和凯马特商店。2014 年，新闻报道表明，凯马特正在清算美国各地的数十家商店。随着商店关闭，采取的措施包括剥离其 Lands End 部门，出售其在西尔斯加拿大公司的大部分股权，发行债务和承担贷款，使其在 2014 年筹集到 14.45 亿美元现金。

除了上述沃尔玛及后面需要提及的亚马逊，西尔斯控股公司还遇到了来自其他零售商的竞争。像家得宝、劳氏公司和百思买这样的专业零售商通过便利的购物地点、品种丰富的可选商品种类及高素质销售人员，对西尔斯控股公司构成了重大威胁。

除沃尔玛外，还有如塔吉特、好市多等折扣零售商，以更低的价格提供有竞争力的产品，不断抢走西尔斯的客户。由于 LG、伊莱克斯、德沃特、金霸王等品牌的崛起，西尔斯控股公司的肯莫尔电器、工匠工具、顽固电池等品牌的市场地位正在受到侵蚀。

西尔斯控股公司的销售额有很大的比例来自强周期的产品，包括家电和工具等。这种对强周期商品的依赖也可能使其比其他零售商更容易受到住房拥有率和新屋开工数下降的影响。

5. 原因之五：美联储持续加息的影响

2015 年 12 月至 2018 年 9 月，美联储累计进行了 8 轮加息操作（2018 年 10 月西尔斯提交破产申请），随着美联储提高利率，借款成本上升。这给一些零售商和供应商带来了压力。

零售商通常通过增加销售或削减成本来抵消这些成本上升的影响，虽然西尔斯通过关闭门店、裁减人员来降低成本，但公司财务报表数据表明，营收并没有增加，利润率也没有增加。随着销售额的急剧下降，西尔斯不得不负债运营。西尔斯和凯马特在 2017 年假日购物季的总销售额下降了 17%，这是长期螺旋式下降的一部分。例如，2013—2017 年，西尔斯控股公司的销售额几乎减半，年销售额从大约 362 亿美元降至 167 亿美元。

一家没有太多债务的公司可以消化利率的上升，但对于像西尔斯控股公司这样负债累累的公司来说，情况就不同了。随着利率的上升，企业的债务成本会更高。例如，西尔斯控股公司的长期债务 2013 年为 19 亿美元，但 2017 年第三季度末升至 22 亿美元。2013 年，短期债务为 12 亿美元，但四年后几乎增长了 2 倍，达到 23 亿美元。

表 5 - 4 西尔斯控股公司财务情况 单位：百万美元

年份	2017	2016	2015	2014	2013	2012	2011
主营业务收入	16702	22138	25146	31198	36188	39854	41567
调整后的EBITDA	-562	-808	-836	-718	-487	428	277
净利润	-383	-2221	-1129	-1682	-1365	-930	-3140
长期债务	2199	3470	1971	2900	2559	1579	1693
年份	**2010**	**2009**	**2008**	**2007**	**2006**	**2005**	**2004**
主营业务收入	42664	43360	46770	50703	53016	48911	19843
调整后的EBITDA	1385	1744	无数据				
净利润	133	235	53	826	1492	858	1106
长期债务	1872	949	1527	1922	2112	2482	91

6. 原因之六：来自电子商务等新经济形态的冲击

从“二战“后百货商店的辉煌历史来看，现代零售业正在变得面目全非。在那个时期，新建的高速公路将人们从一个郊区运送到另一个郊区，最终催生了购物中心，这是一种大型的、方便的、气温可控的消费场所，里面有大量的停车场。随着时间的推移，购物中心逐渐发展成为室内城市的规模。美国明尼苏达的购物中心于 1992 年开业，占地面积之大，足以容纳 9 个洋基球场。现在，这些曾经著名的购物中心有许多正在被清空，或者变成蹦床公园和社区大学。

西尔斯这家拥有百年历史的零售商曾在美国购物中心占据主导地位，但在网络购物时代已经衰落。

20 世纪 80 年代中期，在互联网普及之前，西尔斯、PC 制造商

IBM 和有线电视巨头哥伦比亚广播公司（CBS）开始计划利用互联网向消费者提供在线消息、信息和购物，但没有人知道未来互联网是否会成形，也没有人知道这个前瞻性计划是否有利可图，因此 CBS 决定退出。当西尔斯和 IBM 于 1988 年开始研究这个名为 Prodigy（一种在线服务，用户可以访问各种网络服务，如游戏、天气、购物、股票等）的项目时，就注定了 Prodigy 成为世界上第一个互联网项目。依托于 Prodigy 项目，当时的西尔斯在网上购物方面处于领先地位，但随着互联网的兴起，Prodigy 逐渐被美国在线（AOL）的互联网平台取代。西尔斯和 IBM 在 1996 年卖掉了 Prodigy。西尔斯很早就意识到了互联网对商品销售的重要性，并且在亚马逊只销售书籍的时候就已经在线销售各种硬件和设备。事实上，早在 2002 年，西尔斯的在线部分就被称为“新西尔斯”目录，西尔斯因其迅速进入在线市场而受到称赞。问题不在于西尔斯错过了互联网，而是因为其仍然停留在过去的零售业，并拒绝继续前进。

这在分析 1996 年 Prodigy 的销售情况时尤为明显。尽管西尔斯在互联网领域取得了长足进步，但似乎停止了在该领域前进的步伐，并将注意力重新集中在零售业上。西尔斯对其互联网业务的调整主要是因为沃尔玛不再扮演“小弟弟”的角色，并在 21 世纪初成长为零售业的主导者。在此期间，消费者开始对西尔斯失去兴趣，并转向沃尔玛以满足他们的零售需求。这损害了西尔斯的零售收入，因此它重新关注零售业。

编者语：西尔斯是最早探索电子商务的公司之一，但是管理层认为能够上网已经足够了。然而，“在线”和“在线成功”之间存在巨大的差异。可见西尔斯缺少对用户体验的深切关注。

1994年，一个名叫杰夫·贝佐斯的年轻人辞去了他作为投资银行家的工作。1995年，他在华盛顿州的西雅图创立了亚马逊，1995年7月，亚马逊在其网上商店销售了第一款产品，其最初想法就是利用当时产生的互联网新现象来销售书籍，亚马逊也成为了世界上最早开始经营电子商务的公司之一。现在亚马逊已经扩展到广泛的其他产品，并已成为世界上最大的在线零售商。

早在20世纪90年代，西尔斯就被沃尔玛、塔吉特和其他大型零售商抢走了很多市场份额。这些年来，亚马逊掌握了电子商务的力量，和沃尔玛一起在全球范围内颠覆和改变了传统零售业。在消费者习惯通过互联网和移动手机购物的新市场中，迫使许多零售商缩减商店的规模和数量，将战略重点转向大量投资在线购物和对实体店进行昂贵的升级改造。预计这种趋势在接下来的若干年会持续下去。

兰伯特打算将凯马特变成一个电子商务的强者，并把实体商店作为线上销售的拾取点。2004年11月，凯马特推出重新设计的网站kmart. com，强调优质的电子商务购物体验。经过彻底检修的网站提供了用户友好的界面、易于导航、卓越的搜索功能以及涵盖所有类别的多样化产品分类。

凯马特和西尔斯合并后，西尔斯仍然有机会在电子商务中占据一席之地。2005年亚马逊的收入为84.9亿美元，约是西尔斯控股公司的1/6，而且几乎没有盈利。2011年，亚马逊在关键指标收入上超越了西尔斯。

西尔斯控股公司面临着来自亚马逊（Amazon）等电子商务公司的严重威胁，这些公司的收入仍在逐年增长。西尔斯控股公司2011年以来一直没有盈利，亚马逊等电子商务公司以及沃尔玛等实体零售商的竞争，令它举步维艰。西尔斯在零售业的整体市场份额从2006年的27%（市场领导者）下滑到2013年的19%。

电子商务诞生20年后，终于开始在美国发挥作用。2016年电子商务抢占实体店市场份额的情况尤为明显，电子商务销售增长加快，实体店零售销售严重下滑。实体店掀起了一波关闭潮。近年来，电子商务的兴起促成了创纪录数量的商店倒闭和零售公司破产，其中包括体育管理局（Sports Authority）和玩具反斗城（Toys “R” Us）等。倒闭潮正值消费者信心强劲、失业率处于低位之际，这表明企业正在进行永久性重组，而不是在正常的商业周期中出现下滑。简言之，传统零售业可能永远都不会复苏。

沃尔玛（Walmart）、科尔百货（Kohl’s）、塔吉特（Target）和梅西百货（Macy’s）等其他零售商已经在其商店和使用技术上投入了大量资金，如沃尔玛在2000年推出了第一个电子商务计划，开始认真对待互联网并不断发展电子商务运营，2016年沃尔玛收购美国在线零售商Jet. com（当年8月，沃尔玛以33亿美元完成收购了），2018年还购买了印度最大电子商务零售商Flipkart的大量股份（当年5月，沃尔玛斥资160亿美元收购了印度市场Flipkart 77%的股权），并在自己的网站和在线订购功能上投入了大量资金。除此之外，沃尔玛还在已拥有数千家门店的基础上，提供在线订购和实体店提货服务、推出杂货店的取货和送货服务、为了缩小与亚马逊在物流方面的差距还为许多商品增加了两天的免费送货服务以及从传统模式创新通过在线杂货服务等来吸引新客户。这样，沃尔玛成功实施了在线零售，并从亚马逊（Amazon）和eBay等互联网零售巨头那里吸引顾客。

据美国数字商务360（Digital Commerce 360）分析，美国电子商务在零售市场的份额越来越大，占2018年零售总额的14.3%，高于2017年的12.9%和2016年的11.6%，更重要的是电子商务销售占所有零售额增长的一半以上，即51.9%。

美国商务部的数据显示，经过季节性调整后，2018年零售数据反映出一个现实，即推动实施有效的全渠道转型战略的必要性。2018年第四季度，百货店销售额降至371亿美元，创1992年以来新低。自2001年的高点以来，这一比例下降了37%。与此同时，第四季度电子商务销售额同比增长12.1%，达到创纪录的1328亿美元。全年电子商务销售额为5136亿美元，是迄今为止最高的数字（沃尔玛2019财政年度总收入5144亿美元，增长141亿美元，增幅2.8%。扣除汇率因素，总收入为5151亿美元，增长148亿美元，增幅3.0%）。截至2018年，沃尔玛已经超过苹果成为美国第三大在线零售商，仅次于亚马逊和eBay。

表 5-5 沃尔玛和亚马逊在线销售同比增长情况 %

在线销售同比增长（2018 年）	沃尔玛	亚马逊
2018-Q1	33	18
2018-Q2	40	14
2018-Q3	43	10
2018-Q4	43	13

表 5-5 表明，2018 年沃尔玛在线上业务增长争夺战中击败了亚马逊，这意味着它实际上在零售方面增长最快的领域获得了市场份额。就在线销售总额而言，沃尔玛仍远远落后于亚马逊（2018 年沃尔玛过百亿美元的在线销售总额远不及亚马逊过 2000 亿美元的在线销售总额），但它的增长速度要比亚马逊快得多。2018 年，亚马逊全公司净销售额增长 31%，达到 2329 亿美元，而 2017 年为 1779 亿美元。2018 年第四季度，亚马逊的在线销售额约为 398 亿美元，同比仅增长了 13%。亚马逊在线销售业务增长放缓有很多原因：一是在现有电子商务销售额的基础上继续保持较高增长率变得更加困难；二是随着沃尔玛和塔吉特等公司加大在线和全渠道选择的力度，消费者可选择的平台更多；三是亚马逊 2018 年的杂货总销售额估计为 270 亿美元，仅占美国 8300 亿美元杂货总市场的 3%。当然，除了上述这三个原因还有一些其他的原因，感兴趣的读者可以深入研究一下。

诚然，沃尔玛的电子商务销售增长如此之快，是因为电子商务业务在其整体业务中所占比例仍然很小（2018 年，沃尔玛收入约 5000 亿美元，通过电子商务渠道的销售约占其总收入的 5%），基数远没有亚马逊的在线销售额那么大，但沃尔玛在电子商务业务上正在稳步缩小与亚马逊的差距。沃尔玛表示，预计2019年互联网销售额将增长35%，每个季度的增幅在30%～40%。美国市场研究机构预测，到2019年底，沃尔玛将占据美国电子商务市场4.6%的份额，高于2018年的4%。

相比之下，西尔斯在其在线零售网站上却无法做到这一点。西尔斯确实有自己的电子商务平台，与亚马逊的平台类似，甚至提供“实体店与点击店”这种线上线下相结合的整合服务，而这正是在线零售商所缺乏的。近年来，与沃尔玛、塔吉特和亚马逊相比，西尔斯在技术上的资本支出显得微不足道。例如，2015—2016财年，沃尔玛在电子商务上的花费超过20亿美元，大致相当于西尔斯整个10年的资本支出。

西尔斯一直努力拓展其在线业务，虽然没有单独报告，但根据西尔斯2011年年报中的信息可推断出sears.com和kmart.com的在线销售业绩，在线部门的收入确实较上年增长了超过10%，但据估计，其对整体收入的贡献不足1亿美元，因此对西尔斯控股公司的整体业绩影响微乎其微，其在线销售额占其总销售额比例很小。同时，连年巨大养老金支付的承诺和连续的亏损，使得西尔斯没有足够的资金支持其从拥有购物目录的传统零售商转变为在线零售商。

尽管电子商务收入在西尔斯控股公司销售额中所占比例仍然可以忽略不计，但2012年的在线业务营收同比增长超过10%。它的新搜索引擎市场直接与亚马逊竞争，甚至会为卖家的商品提供寄售服务，而亚马逊则不提供这种服务。

基于2013年的在线销售峰值，西尔斯在2014年互联网零售商500强中排名第5。从2014年开始，西尔斯在线销售开始下降，而美国零售业电子商务则每年稳步增长。2018年，西尔斯已降至互联网零售商500强排名第24位。

凭借曾经占据主导地位的目录业务和作为互联网购物早期实验的领导者，西尔斯拥有赢得电子商务战争所需的一切，但却没有利用好这个领先优势。由于西尔斯不断转移注意力，使其没有认真对待互联网。一个正在认真对待互联网的品牌是亚马逊，西尔斯希望控制互联网的时机已经太迟了。亚马逊提供更优惠的价格，更好的客户服务，更好的交付选择，以及更成熟的在线品牌。换句话说，亚马逊让客户没有理由选择任何其他品牌来满足他们的在线购物需求，尤其是西尔斯。

编者语：只是认识到网上购物会改变零售业是不够的，还必须为网络消费者提供更好的购物体验，西尔斯没有做到这一点。如果西尔斯能够招募到一个熟悉电子商务的零售老将，或许不会导致破产的结局。

西尔斯管理层预见到传统零售业的逐渐衰退，而传统零售业确实也正面临着日益增长的网络销售巨大的冲击。具有讽刺意味的是，西尔斯曾经使用邮购目录彻底改变了美国零售业。以互联网为基础的购物可以看作是这一技术的后代，它反过来又给西尔斯带来了较大的冲击。在许多方面，西尔斯是亚马逊的鼻祖。如今，它正被自己曾经倡导的销售策略摧毁。

编者语：为了确保我们不会遇到与西尔斯类似的情况，请跟上行业中的最新创新，并与竞争对手的最新动态保持同步。每个零售商都需要深入了解自己的业务实践，以确保不会错过下一波大潮。实现这一目标的一种方法是分析竞争对手，看看他们是否正在我们还没有继续前进的想法上获利。我们还应该密切关注所在行业内发生的事情，这样就不会落后。可以利用本书第一章所提及的大数据和人工智能技术方法密切关注行业内的最新动态。

技术正在迅速扰乱各个行业。例如，电子商务让传统零售行业被迫转型，甚至没有机会让老牌企业应对这些变化。在过去的几年里，电子商务对零售行业的巨大改变有目共睹。我们不仅要对行业进行技术分析，还应该对技术冲击行业的速度进行分析。技术分析涉及了解以下方面：竞争对手最近的技术发展；技术对产品供应的影响；对零售行业成本结构的影响；对零售行业价值链结构的影响。然而，利用大数据和人工智能技术方法一定会给我们带来更多的实质性帮助。

7. 原因之七：不能与时俱进

1886 年，由铁路车站代理人理查德·西尔斯创立的西尔斯公司在美国明尼苏达州的北雷德伍德以手表生意起家。1887 年西尔斯将公司搬到了芝加哥，聘请了钟表制造商阿尔瓦·罗巴克（Alvah Roebuck）作为他的合伙人。第一本销售手表和珠宝的西尔斯罗巴克商品目录于 1896 年出版。

西尔斯商品目录是许多美国人最初购买大批量生产商品的方式。对于那些生活在农场和小城镇的人来说，这是一个巨大的转变，他们自己生产了很多他们需要的商品，包括衣服和家具。

西尔斯的购物中心重塑了美国商业生态，将购物者从传统的主要街头商户中吸引过来。西尔斯把人们带进购物中心，为“二战”后美国的郊区化做出了贡献。西尔斯公司的肯莫尔家用电器为许多美国家庭引入了能够改变家庭动态的省力设备，其工匠工具和终生保障是美国中产阶级的首要选择。

虽然购物中心曾经是美国生活的主要产品，但它们的业绩已经连续多年下降，事实上，预计美国每4个购物中心中就有1个将在2022年关闭。像西尔斯这样的百货商店大部分地点都在购物中心内。这么多购物中心未能持续经营的原因主要是由于网上购物的日益普及，消费者通过互联网可以在舒适的家中购买从沙发到新上市的皮夹克等任何东西。当然，也有很多购物中心不仅避免了倒闭，而且利润还在持续增加。

西尔斯曾经改变了美国，但曾经主宰美国人购物和生活方式的零售连锁店西尔斯公司如今已经申请破产。

西尔斯为客户提供的零售体验没以客户需求为中心，商店的设计、布局、产品线、商品推销策略都停留在20世纪90年代，不能与时俱进。

早在亚马逊（Amazon）和在线购物兴起之前，西尔斯就在努力跟上美国人不断变化的购物习惯，但终究没有跟上时代的步伐。

编者语：零售企业可以从中吸取教训，就是要密切关注开业的地点。西尔斯没有随着时代趋势的变化而变化，最终没有跟上时代的步伐。企业提供的产品或者服务应该以用户需求为中心，本书第一章提到的利用大数据和人工智能技术挖掘用户需求的方法对此会有一定的帮助。

8. 原因之八：西尔斯缺乏战略定位（20 世纪 90 年代末至 2018 年 10 月）

像沃尔玛和亚马逊这样的品牌已经能够将自己定位在一个足以支持企业盈利的利基市场。例如，当人们需要杂货或其他基本用品如牙膏、猫粮时，会前往沃尔玛购买。当人们想足不出户购买一台新的笔记本电脑时，会登录到亚马逊账户，通过对笔记本电脑的搜索，找到非常满意的商品。

近年来，西尔斯未能正确定位自己并建起一个有利可图的利基市场。历史上的西尔斯曾经在众多领域占据主导地位，无论是服装、五金还是家具。在威伯德百货（Wieboldt's）、蒙哥马利·沃德（Montgomery Ward）和卡森·皮里·斯科特（Carson Pirie Scott）等芝加哥传奇竞争对手纷纷倒下之际，西尔斯却在美国的“大萧条”中幸存了下来。但近几十年来，随着折扣店、专业连锁店和电子商务公司将消费者吸引走，它的发展越发步履蹒跚，而且似乎永远也找不到能把消费者吸引回来的细分市场。随着互联网的兴起，大量竞争对手涌现，不断瓜分各个细分市场，并使得对任何单一品牌都很难达到西尔斯曾经主宰过的水平。西尔斯多年来一直在萎缩，无法在零售业的新世界里找到自己的位置。

虽然亚马逊正在成长为一个主导力量，并且正在给沃尔玛带来压力，但大多数人在购买新衣服时并没有涌入亚马逊，并没有向亚马逊购买他们的每周杂货，可见亚马逊也有其局限性。随着西尔斯目录的历史性成功，他们努力保留一个控制客户生活各个方面的主导品牌的头衔，当前时代任何一个品牌都难以实现。如果西尔斯不经常改变其注意力，专注于他们的硬件产品、家具和其他生活方式产品，它很可能不会遇到目前所处的情况。

组织的工作运营策略需要针对特定客户，然后围绕零售体验构建其运营以支持该客户。但是，西尔斯的方法并没有让其能够为任何特定目标细分市场提供卓越、令人难忘的服务。

编者语：以上论述表明，企业找到属于自己的利基市场并坚持下去至关重要。无论企业销售什么，都需要进行大量的市场调查，并对买家角色有透彻的了解，以确保了解目标受众的购买动机。利用本书第一章提到的大数据和人工智能技术可以帮助企业挖掘用户的真实动机。

西尔斯的倒下告诉我们，一个企业想长期保持竞争力并为其客户提供最佳体验的确不易，没有一家公司会因为太大而不会倒闭。企业生存或死亡的关键在于能否适应时代的变化，在变革中建立起竞争优势。

编者语：当然，做生意也不能排除运气的成分，需要同时具备“天时、地利、人和”三大因素。

近年来，西尔斯的战略方案可能是好的，但是没有找到正确的人做正确的事。或者说，资本方有些眼高手低，没有找到正确的人做成事。西尔斯的问题根源还是管理上的问题。

附注：西尔斯发展历程

1. 西尔斯·罗巴克公司于1886年成立。

2. 1888年，该公司创始人理查德·西尔斯首次在产品目录中出售其手表和珠宝。

3. 1896年出现了商品目录。

4. 西尔斯于1906年上市，以97.50美元的价格出售股票。

5. 第一家西尔斯商店于1925年在芝加哥开业，得益于汽车使用的繁，使得农村和郊区的许多客户可以在都市中心购物。

6. 在“大萧条”时期，强调携带实用且价格低廉的日常用品如毛巾和袜子等使零售商在此期间维持运营，到“大萧条”结束时，西尔斯商店的数量增加了1倍。

7. 1931年，西尔斯推出好事达（Allstate）保险。好事达保险公司是西尔斯的全资子公司，总部位于纽约州诺布鲁克（North Brookal），成立之初的目的是提供邮购汽车保险。在为新业务选择名称时，管理人员借用了西尔斯一款产品的商标——好事达（Allstate）汽车轮胎。

8. 1933年，圣诞目录首次亮相。这份长达87页的目录包括玩具、节日装饰品、家庭用品、工具、服装、珠宝和家电——这些东西对每个家庭成员都有吸引力。

9. 20世纪50年代，西尔斯的商店超过了700家，公司走向国际，于1947年在墨西哥和1952年在加拿大分别开设了分店。

10. 1973年，西尔斯总部搬入当时世界上最高的建筑西尔斯大厦。

11. 1985年，西尔斯推出了“发现卡”（Discover Card）。前2个

月，信用卡将在全国范围内推出，与行业巨头万事达、Visa 和美国运通展开竞争。

12. 20 世纪 80 年代，西尔斯与 IBM 合作创建了 Prodigy，这是首批家庭互联网平台之一。

13. 1991 年，西尔斯失去了美国“最畅销零售商”的称号，输给了沃尔玛。根据 1990 财年的总销售收入，阿肯色州的沃尔玛（WalMart）成为美国最大的零售商，其次是凯马特（Kmart）。西尔斯（Sears）跌至榜单第 3 位。

14. 1992 年，西尔斯总部迁至伊利诺斯州的霍夫曼庄园。

15. 1993 年，西尔斯停止生产其通用商品目录。

16. 西尔斯从 1993 年开始与当时美国第二大保险公司好事达（Allstate）停止合作，当时西尔斯在首次公开募股（iPO）中出售了近 20% 的股份。拆分让西尔斯得以继续运营，而无须应对保险行业常见的任何灾难性支出，而好事达的投资者也不必担心零售业的起起落落。在推出 Sears. com 的前一年，该公司将圣诞商品放在 Wishbook. com 网站上进行出售。

17. 1994 年，西尔斯出售西尔斯大厦。在未付利息不断上升的情况下，西尔斯宣布放弃这座大楼的所有权，作为重组巨额债务的一部分，AEW 获得该财产的控制权。

18. 1995 年，西尔斯（Sears）将好事达（Allstate）分拆为一家独立的公司。

19. 1998 年，圣诞目录网站 Wishbook. com 首次上线，该公司将圣诞商品放在 Wishbook. com 网站上出售，圣诞目录在 Sears. com 上线前一年首次亮相。

20. 2005 年，凯马特控股公司以 110 亿美元收购了西尔斯·罗巴克公司。这家名为西尔斯控股公司的新公司成为美国第三大零售商，并继续占据西尔斯位于霍夫曼郊区的总部。西尔斯控股公司的实际控制人是凯马特董事长兰伯特。

21. 2013 年，公司董事长兰伯特接替路易斯·德·安布罗西奥，担任西尔斯控股公司 8 年来第 5 位首席执行官。

22，2014 年，惠誉国际评级（Fitch Ratings）将西尔斯控股公司的信用评级下调至CC 级一周后，西尔斯董事长兰伯特的对冲基金 ESL 投资公司借给该公司 4 亿美元。

23. 2017 年，在西尔斯开始通过电子商务巨头销售全系列肯莫尔电器后不到6 个月，西尔斯也开始在亚马逊上销售其顽固（DieHard）汽车产品。

24. 2018 年，西尔斯首席执行官兰伯特的对冲基金 ESL 投资公司提议收购西尔斯颇受欢迎的肯莫尔家电品牌及其家居服务部门。

25. 2018 年 10 月，西尔斯控股公司正式申请破产保护。

资料来源：纳斯达克官网、西尔斯控股公司官网、《纽约时报》、彭博社、格隆汇、《华尔街日报》、商业内幕（Business Insider）、经济日报—财经早餐、腾讯科技、环球网、央视财经等。

三、财务造假案例分析

（一）财务造假的背景

财务造假，顾名思义就是企业未按照会计准则和法律法规的相关规定，虚构假账、假表及假证，以非法的手段掩盖财务报表及数据真实性的行为。

一般来说，财务造假的动机主要有：

1. 减少企业利润，进行逃税漏税

企业所得税是对企业的生产经营所得和其他所得征收的一种税，所得税的征收缴纳是以会计利润为基础，通过纳税调整来进行计算。企业所适用的所得税率再乘以应纳税所得额，即为企业实际应当缴纳的税赋。企业为了实现偷税、漏税等目的，往往会对会计报表造假，这是企业财务造假最常见的动机。

2. 粉饰报表，达到管理层业绩目标

企业在生产经营过程中，股东为了考核管理层经营企业的业绩，常以企业财务指标为考核基础。财务绩效考评指标由反映企业盈利能力状况（如权益报酬率、总资产报酬率、每股收益等）、企业资产质量状况（如存货周转率、应收账款周转率和固定资产周转率等）、债务风险状况（如资产负债率、流动比率和速动比率等）、经营增长状况（如销售收入增长率、利润增长率）等指标构成。

管理层为了实现业绩考核目标，有可能会对会计报表进行包装、粉饰，通过对会计数据的调整，虚增利润粉饰报表。

3. 优化报表，满足上市财务指标

根据《首次公开发行股票并上市管理办法》（证监会令第141号），企业主板及中小板上市需要满足财务会计指标：

①最近3个会计年度净利润均为正数且累计超过人民币3000万元，净利润以扣除非经常性损益前后较低者为计算依据；

②最近3个会计年度经营活动产生的现金流量净额累计超过人民币5000万元；或者最近3个会计年度营业收入累计超过人民币3亿元；

③发行前股本总额不少于人民币3000万元；

④最近一期末无形资产（扣除土地使用权、水面养殖权和采矿权等后）占净资产的比例不高于20%；

⑤最近一期末不存在未弥补亏损。

4. 骗取贷款及融资款

企业在生产经营过程中，获取外部资金的支持是企业发展的重要途径。在市场经济环境下，银行等金融机构出于风险规避和自我保护等原因，一般不会向亏损企业或者缺乏信用的企业发放贷款。企业为获取金融机构的信贷支持，即使是经营业务欠佳、营利性弱、财务状况不健全，企业也有动机对其财务报表进行粉饰，使其呈现“光鲜的表象”。除了在债权融资时存在美化财务报表的潜在动机，企业在寻求获得股权投资的过程中，投资机构也不会向成长性弱的企业投资，企业为了获得股权估值的溢价，同样有粉饰财务报表的动机。

5. 避免被退市或特别处理（ST）

根据证监会2018年7月27日颁布的《关于修改〈关于改革完善并严格实施上市公司退市制度的若干意见〉的决定》，其第四条严格执行体现公司财务状况的强制退市指标如下：

上市公司因净利润、净资产、营业收入、审计意见类型或者追溯重述后的净利润、净资产、营业收入等触及规定标准，其股票被暂停上市交易后（即停盘），公司披露的最近一个会计年度经审计的财务会计报告存在扣除非经常性损益前后的净利润孰低者为负值、期末净资产为负值、营业收入低于证券交易所规定数额或者被会计师事务所出具保留意见、无法表示意见、否定意见的审计报告等情形之一的，证券交易所应当终止其股票上市交易（即退市）。

关于未在规定期限内依法如实披露的退市指标，按照监管机构的要求，上市公司必须披露定期报告。定期报告包括年度报告、中期报告、第一季报、第三季报。年度报告由上市公司在每个会计年度结束之日起4个月内编制完成，中期报告由上市公司在半年度结束后2个月内完成，季报由上市公司在会计年度前3个月、9个月结束后的30日内编制完成。定期报告的披露要求为在《中国证券报》《上海证券报》《证券时报》《证券日报》等指定报刊上披露其摘要，同时在证监会指定的网站上披露其正文。

上交所上市公司指定披露的网址为：http：//www. sse. com. cn；

深交所上市公司指定披露的网址为：http：//www. cninfo. com. cn。

上市公司在证券交易所规定的期限内，未改正财务会计报告中的重大差错或者虚假记载的，证券交易所应当终止其股票上市交易。法定期限届满后，公司在证券交易所规定的期限内，依然未能披露年度报告或者半年度报告的，证券交易所应当终止其股票上市交易。

上市公司因净利润、净资产、营业收入、审计意见类型或者追溯重述后的净利润、净资产、营业收入等触及规定标准，其股票被暂停上市交易，不能在法定期限内披露最近一个会计年度的年度报告的，证券交易所应当终止其股票上市交易。

根据《上海证券交易所股票上市规则（2018 年 11 月修订）》（上证发〔2018〕97 号），上市公司出现以下情形之一的，上海证券交易所对其股票实施退市风险警示：

①最近两个会计年度经审计的净利润连续为负值或者被追溯重述后连续为负值；

②最近一个会计年度经审计的期末净资产为负值或者被追溯重述后为负值；

③最近一个会计年度经审计的营业收入低于 1000 万元或者被追溯重述后低于 1000 万元；

④最近一个会计年度的财务会计报告被会计师事务所出具无法表示意见或者否定意见的审计报告；

⑤因财务会计报告存在重大会计差错或者虚假记载，被证监会责令改正但未在规定期限内改正，且公司股票已停牌 2 个月；

⑥未在法定期限内披露年度报告或者中期报告，且公司股票已停牌 2 个月；

⑦因股权分布不具备上市条件，公司在规定的1个月内向上海证券交易所提交解决股权分布问题的方案，并获得上海证券交易所同意；

⑧因欺诈发行、重大信息披露违法或者其他涉及国家安全、公共安全、生态安全、生产安全和公众健康安全等领域的重大违法行为，上海证券交易所对其股票作出实施重大违法强制退市决定的；

⑨公司可能被依法强制解散；

⑩法院依法受理公司重整、和解或者破产清算申请；

⑪上海证券交易所认定的其他情形。

根据《深圳证券交易所股票上市规则（〔2018〕年11月修订)》（深圳上〔2018〕556号）上市公司出现下列情形之一的，深圳证券交易所有权对其股票交易实行退市风险警示：

①最近两个会计年度经审计的净利润连续为负值或者因追溯重述导致最近两个会计年度净利润连续为负值；

②最近一个会计年度经审计的期末净资产为负值或者因追溯重述导致最近一个会计年度期末净资产为负值；

③最近一个会计年度经审计的营业收入低于1000万元或者因追溯重述导致最近一个会计年度营业收入低于1000万元；

④最近一个会计年度的财务会计报告被出具无法表示意见或者否定意见的审计报告；

⑤因财务会计报告存在重大会计差错或者虚假记载，被证监会责令改正但未在规定期限内改正，且公司股票已停牌2个月；

⑥未在法定期限内披露年度报告或者半年度报告，且公司股票已

停牌2个月；

⑦构成欺诈发行强制退市情形；

⑧构成重大信息披露违法等强制退市情形；

⑨构成五大安全领域的重大违法强制退市情形；

⑩出现本规则第12.11条、第12.12条规定的股权分布不再具备上市条件的情形，公司披露的解决方案存在重大不确定性，或者在规定期限内未披露解决方案，或者在披露可行的解决方案后1个月内未实施完成；

⑪出现可能导致公司被依法强制解散的情形；

⑫深圳证券交易所认定的其他存在退市风险的情形。

为避免被退市或特别处理（ST），企业也有财务造假动机，以掩盖企业财务状况恶化的事实。

6. 大股东套现

企业的估值受很多因素的影响，一般情况下，投资者将企业视为一个整体，在其所处的宏观经济环境和行业背景下，依据其全部拥有或者占有的资产情况，依据其所实现的收入、利润情况，并综合考虑其他各种因素来对企业的估值进行合理评估。企业的估值越高，表明投资者愿意以较高的溢价对企业进行投资。大股东为吸引外部投资者，将自己所持有的部分或者全部企业股权以较高的溢价进行转让，有美化财务报表的动机。

7. 造假的收益大于成本

企业进行财务造假，其成本主要为造假过程中进行财务报表的调整、伪造相关函件、票证等的支出。而财务造假所带来的收益，如骗取投资款或骗取信贷资金等，短期收益会远大于上述成本，部分企业便具有了一定的财务造假动机。

（二）政策要求

1. 中国注册会计师协会对财务欺诈的相关监管要求

2002 年，中国注册会计师协会关于印发《审计技术提示第 1 号——财务欺诈风险》的通知，列举了财务舞弊预警信号。

财务欺诈作为舞弊的主要形式，导致会计报表反映不实，对会计报表使用者产生了巨大的危害。注册会计师有责任制订审计计划并实施适当的审计程序，以合理确定会计报表是否存在财务欺诈或由其所导致的重大错报。

管理当局是指企业的管理层和经营层。管理当局的部分行为决策或利益诉求也可能会导致企业财务欺诈。

以下因素可能导致企业财务欺诈，或表明企业存在财务欺诈风险，注册会计师在执行企业会计报表审计业务时，应当对此予以充分关注，保持应有的职业谨慎。

（1）当企业财务稳定性或盈利能力受到威胁时，企业会有财务欺诈的可能性：

①因竞争激烈或市场饱和，主营业务毛利率持续下降；

②主营业务不突出，或非经常性收益所占比重较大；

③会计报表项目或财务指标异常或发生重大波动；

④难以适应技术变革、产品更新或利率调整等市场环境的剧烈

变动；

⑤市场需求急剧下降，所处行业的经营失败案例日益增多；

⑥持续的或严重的经营性亏损可能导致破产、资产重组或被恶意收购；

⑦经营活动产生的现金流量净额连年为负值，或虽然账面盈利且利润不断增长，但经营活动并没有带来正向的现金流量净额；

⑧与同行业的其他企业相比，获利能力过高或增长速度过快；

⑨新颁布的法规对财务状况或经营成果可能产生严重的负面影响；

⑩已经被证券监管机构特别处理（ST）。

（2）当管理当局承受异常压力时，企业有可能进行财务欺诈：

①政府部门、大股东、机构投资者、主要债权人、投资分析人士等对公司获利能力或增长速度有不合理的期望；

②管理层对外提供的信息过于乐观而导致外界对其产生不合理的期望；

③为了满足增发、配股、发行可转换债券等对外筹资的条件；

④可能被证券监管机构特别处理（ST）或退市；

⑤急于摆脱特别处理（ST）或恢复上市；

⑥为了清偿债务或满足债务约束条款的要求；

⑦不良经营业绩对未来重大交易事项可能产生负面影响；

⑧为了实现设定的盈利预测目标、销售目标、财务目标或其他经营目标。为了实现设定的盈利预测目标、销售目标、财务目标或其他经营目标。

（3）管理当局受到个人经济利益的驱使：

①管理当局的薪酬与公司的经营成果挂钩；

②管理当局持有的公司股票即将解冻；

③管理当局可能利用目标企业股票价格的异常波动谋取额外利益。

（4）特殊的行业或经营性质：

①科技含量高，产品价值主要来源于研发而非生产过程；

②市场风险很大，很可能在投入巨额研发支出后却不被市场接受；

③产品寿命周期短；

④大量利用分销渠道、销售折扣及退货等协议条款。

（5）特殊的交易或事项：

①不符合正常商业运作程序的重大交易；

②重大的关联交易，特别是与未经审计或由其他注册会计师审计的关联方发生的重大交易；

③资产、负债、收入、费用的计量涉及难以证实的主观判断或不确定事项，如 8 项减值准备的计提等；

④尚未办理或完成法律手续的交易；

⑤发生于境外或跨境的重大经营活动；

⑥母公司或重要子公司、分支机构设在税收优惠区，但不开展实质性的经营活动。

（6）公司治理缺陷：

①董事会被大股东操纵；

②独立董事无法发挥应有的作用；

③难以识别对公司拥有实质控制权的单位或个人；

④过于复杂的组织结构，或涉及特殊的法人身份与管理权限；

⑤董事、经理或其他关键管理人员频繁变更。

（7）内部控制缺陷：

①管理当局凌驾于内部控制之上；

②有关人员相互勾结，致使内部控制失效；

③内部控制的设计不合理或执行无效；

④会计人员、内部审计人员或信息技术人员变动频繁，或不具备胜任能力；

⑤会计信息系统失效。

（8）管理当局态度不端或缺乏诚信：

①管理当局对公司的价值观或道德标准倡导不力，或灌输了不恰当的价值观与道德标准；

②非财务管理人员过度参与会计政策的选择或重大会计估计的确定；

③公司、董事、经理或其他关键管理人员曾存在违反证券法规或其他法规的不良记录，或因涉嫌舞弊或违反法规而被起诉；

④管理当局过分强调保持或提高公司股票价格或盈利水平；

⑤管理当局向政府部门、大股东、机构投资者、主要债权人、投资分析人士等就实现不切实际的目标作出承诺；

⑥管理当局没有及时纠正已发现的内部控制重大缺陷；

⑦管理当局出于逃税目的而采用不恰当的方法减少账面利润；

⑧对于重要事项，管理当局采用不恰当的会计处理方法，并试图

将其合理化。

(9) 管理当局与注册会计师的关系异常或紧张：

①频繁变更会计师事务所；

②在重大的会计、审计或信息披露问题上经常与注册会计师发生意见分歧；

③对注册会计师提出不合理的要求，如对出具审计报告的时间作出不合理的限制；

④对注册会计师施加限制，使其难以向有关人士进行询证、获取有关信息、与董事会进行有效沟通等；

⑤干涉注册会计师的审计工作，如试图对注册会计师的审计范围或审计项目小组的人员安排施加影响。

中国注册会计师协会梳理了企业在生产经营过程中所处的经营环境，当企业财务稳定性或盈利能力受到威胁时；以及公司治理环节，当管理当局承受异常压力，管理当局受到个人经济利益驱使，公司治理缺陷或内部控制缺陷；管理当局与注册会计师的关系异常或紧张等现象，都是企业进行财务欺诈的诱因，以此为投资者及外部相关人员在审视企业财务报表时提供借鉴。

2. 法律对财务欺诈的相关监管要求

中国注册会计师审计准则第1141号文件《财务报表审计中与舞弊相关的责任》指出，财务报表的错报可能是由于舞弊或错误所致。舞弊和错误的区别在于，导致财务报表发生错报的行为是故意行为还是非故意行为。舞弊，是指被审计单位的管理层、治理层、员工或第三方使用欺骗手段获取不当或非法利益的故意行为。

《中华人民共和国证券法》对企业财务会计报告不得虚假记载的相关要求有：

第五十条　股份有限公司申请股票上市，应当符合下列条件：公司最近三年无重大违法行为，财务会计报告无虚假记载；

第五十五条　上市公司有下列情形之一的，由证券交易所决定暂停其股票上市交易：公司不按照规定公开其财务状况，或者对财务会计报告作虚假记载，可能误导投资者；

第五十六条　上市公司有下列情形之一的，由证券交易所决定终止其股票上市交易：公司不按照规定公开其财务状况，或者对财务会计报告作虚假记载，且拒绝纠正；

第六十三条　发行人、上市公司依法披露的信息，必须真实、准确、完整，不得有虚假记载、误导性陈述或者重大遗漏；

第六十九条　发行人、上市公司公告的招股说明书、公司债券募集办法、财务会计报告、上市报告文件、年度报告、中期报告、临时报告以及其他信息披露资料，有虚假记载、误导性陈述或者重大遗漏，致使投资者在证券交易中遭受损失的，发行人、上市公司应当承担赔偿责任；发行人、上市公司的董事、监事、高级管理人员和其他直接责任人员以及保荐人、承销的证券公司，应当与发行人、上市公司承担连带赔偿责任，但是能够证明自己没有过错的除外；发行人、上市公司的控股股东、实际控制人有过错的，应当与发行人、上市公司承担连带赔偿责任。

《中华人民共和国公司法》对企业财务会计报告不得虚假记载的相关要求有：

第二百零三条　公司在依法向有关主管部门提供的财务会计报告等材料上做虚假记载或者隐瞒重要事实的，由有关主管部门对直接负责的主管人员和其他直接责任人员处以三万元以上三十万元以下的罚款。

公司在进行清算时，隐匿财产、对资产负债表或者财产清单作虚假记载，或者在未清偿债务前分配公司财产的，由公司登记机关责令改正，对公司处以隐匿财产或者未清偿债务前分配公司财产金额百分之五以上百分之十以下的罚款；对直接负责的主管人员和其他直接责任人员处以一万元以上十万元以下的罚款。

综上所述，在我国现行法律框架下，企业财务制度的规定与监管存在多维度共生的状态，会计准则解释权与其他监管部门对会计事项的监管权之间是相辅相成、互相补充的关系。一方面，企业会计准则对企业财务制度的规范性进行了约束，以此衡量企业财务是否存在造假行为，会计主管部门无法代替各监管部门在各自监管的具体领域中检查会计资料；另一方面，各监管部门在各自的监管职权范围内对企业行使会计资料的检查监督权，充分揭露了会计规则滥用以及财务造假行为，从而为会计主管部门的规则制定和解释权的行使提供了素材和契机。监管机构对企业财务造假严格的处罚，促进企业财务运营更加规范，并由此创造了公平的市场经济环境。

（三）财务造假的主要手段

在企业造假手法日趋复杂的背景下，监管机构为防范金融风险，服务实体经济，开展了依法全面从严打击资本市场违法违规活动，整治市场乱象，切实维护资本市场健康、稳定发展。在此过程中，也对企业常见财务造假的手段进行了重点稽查。

从证监会2017年所查处的上市公司违规案件来看，财务造假占据了40%，重大事项不披露占据了26%，主要有以下特点：

一是上市公司财务欺诈环节不断延伸。有的企业在未上市之前即谋划财务造假，通过对财务数据的粉饰，以期达到证监会对IPO企业的申报审核标准；有的企业在IPO申报通过证监会发审会之后，在再融资、并购重组领域进行粉饰财务报表，以期获得超额溢价；有的企业在上市之后系统性、长期性进行财务造假，尤其是在持续披露信息阶段已经涉及财务造假。

二是造假手法不断翻新。有的企业挖掘行业特点差异性，在行业会计制度和国家颁布的企业会计准则之间寻求“制度红利”。有的利用贸易背景，构造关联境外公司，或通过海外客户虚构贸易进行跨境造假。企业与关联方进行贸易合同造假，通过贸易纠结司法裁决支付相关赔偿金的方式达到造假的结果。

三是在并购重组环节进行违规披露，通过信息造假诱导投资者。有的企业开展“忽悠式”资产重组，用“空壳公司”转移资产，通过上市公司进行并购重组，却不及时披露重要信息，诱导投资者进行二级市场操作。有的企业实际控制人为操纵股价，隐瞒实情，有选择性地进行财务投资信息披露，分阶段披露信息，诱导投资者，以利于企业实际控制人自己进行高位套现。

四是利用信息披露的重要性，成为企业实际控制人进行内幕交易、操纵市场的工具。上市公司利用拥有信息披露自主权的优势，一方面刻意利用虚假陈述包装企业转型、收购优质资产以及与市场最新热点相关的利好消息诱导投资者，另一方面延迟披露企业亏损及经营不善的利空消息，通过信息不对称操纵市场。

企业常见的财务造假手段分类如下：

1. 虚增收入

（1）虚构客户某企业在申报 IPO 过程中，证监会财务专项检查小组发现银行提供的流水账和企业实际账本存在较大差异等问题后，对该企业开展了立案调查。

调查结果发现，该企业通过虚构客户、虚构销售业务等手段虚增销售收入三年共计9000余万元，而根据该企业 IPO 申报材料，申报前三年的销售收入分别为1.1亿元、2.08亿元和2.71亿元。在该企业虚构收入中，2010年虚增1000余万元，2011年虚增3000余万元，2012年虚增4000余万元，分别占当年账面销售收入的10%、17%、16%。具体包括：虚构某水利工程有限公司等公司客户及其销售业务，虚增销售收入5000余万元；虚构某工程有限公司的销售业务，虚增销售收入1800余万元；虚构某建筑装饰工程有限公司的销售业务，虚增销售收入800余万元；虚构某建筑安装工程有限公司的销售业务，虚增销售收入200余万元；虚构某自然人客户的销售业务，虚增销售收入400余万元。

虚构客户作为最常见的财务造假手法，通常由企业虚构一个不存在的客户，然后在此基础上制作假订单、假合同、假凭证、假流水等。大多数企业并不敢通过这种方式进行造假，而是采用隐蔽性更高的虚构客户方式，使审计机构难以通过验证凭证真伪、函证客户等常规手段进行检查。如农业类公司，其客户通常是农户这样的自然人，在一定程度上审计机构的函证、检查凭证等常规审计工作难度很大，因此农业类公司常常使用此种财务造假手段，这也成为证监会财务稽查的重点之一。

（2）虚构合同。

某上市公司2013 年大幅亏损，为掩盖这一事实，该企业进行财务造假。2014 年，该企业子公司某智能技术有限公司建设项目，由某建设工程有限公司进行施工，按预付比例估算需要预付工程款3. 1 亿元。为此该企业制作了假的建设工程合同，填制了虚假银行付款单据3. 1 亿元，减少银行存款3. 1 亿元，同时增加3. 1 亿元预付工程款。

（3）自我交易。

企业在通过自我交易造假时，首先通过支付往来款项、购买原材料等虚构交易将企业大额资金转出，再将上述资金设法转入该企业自己客户的账户上，最终以销售交易的方式将资金转回企业，借此实现企业收入、利润的虚假增长。

例如，某企业用自有资金打到体外循环，同时虚构粮食收购和产品销售业务，虚增销售收入和利润。为实现资金体外循环造假的目标，该企业借用了一些自然人的身份证件去开立银行账户，并由该企业控制使用，有些个人银行账户甚至连其本人都不知道。

企业先将自有资金汇入上述个人账户，在财务报表上虚报上述购粮行为的预付款，并相应地记录购粮情况。此后，这些实际控制的个人账户的资金将以不同客户付款的名义转回企业的账户，上述个人客户的销售收据将以相应的方式来记录，这样先前账目的应收账款将被抵消。通过此种方式来实现企业收入、利润的虚假增长。

（4）违规担保回笼货款。

某上市公司在上市前 2 年，一直采用虚增利润的方式欺骗监管层和投资者，而违规担保回笼货款成为该企业虚增收入的手段之一。

该企业总裁及财务总监将公司款项 2000 余万元私自存在某银行，并将其中的 2000 万元违规用于对其他非关联企业的担保，该笔违规担保金额约占该上市公司前一年度年末净资产的 26%，通过违规担保所取得的收益，作为销售回款记入上市公司财务报表，以虚增收入。

（5）虚增合同销售单价。

证监会 IPO 专项财务检查发现，某排队拟 IPO 企业存在存货大量盘亏等异常情况，涉嫌虚假陈述，该企业因此撤回了 IPO 申请。经调查发现，该企业累计虚增出口销售收入 8000 余万元，主要通过虚增合同销售单价的方式实现此目的。其中，上市前 3 年分别虚增收入 6000 余万元、1800 余万元、5000 余万元，并相应地虚增各年利润，虚增利润金额分别占该企业当年账面利润总额的 8%、20%、67%。

（6）提前确认收入。

根据《企业会计准则 14 号——收入》的要求，企业在进行确认收入时，销售商品收入同时满足下列条件的，才能予以确认：

①合同各方已批准该合同并承诺将履行各自义务；

②该合同明确了合同各方与所转让商品或提供劳务（以下简称

“转让商品”）相关的权利和义务；

③该合同有明确的与所转让商品相关的支付条款；

④该合同具有商业实质，即履行该合同将改变企业未来现金流量的风险、时间分布或金额；

⑤企业因向客户转让商品而有权取得的对价很可能收回。

企业在生产经营过程中，若遇到当年财务报表情况不符合监管层要求或未达到管理层既定目标，则有可能通过对贸易过程中的收入来提前确认，从而增加本期财务收入，达到虚假粉饰报表的目的。

例如，企业管理层在年初制定本年度经营收入考核为20亿元，在年末企业实际运营中，仅实现收入15亿元，但有5亿元贸易正在交易过程中，尚未实现收入，企业为实现管理层既定考核目标，将上述正在交易过程中的5亿元商品贸易提前进行确认，从而增加营业收入使其达到20亿元。

2. 虚增资产

（1）虚增应收账款、预付账款。

企业在增加虚假资产时，主要是通过虚增在建工程和预付款来使资产增加。首先，企业虚构了贸易合同，从企业账户将工程设备预付款打给个人账户。一部分工程设备预付款形成了企业的在建工程，另一部分预付款冲抵了因虚增收入所产生的款项。

（2）虚增存货。

在企业通过虚增存货进行财务造假时，会显现出以下财务指标特征：

①存货增长与总资产增长不成正比。一般来说，存货作为资产的重要组成部分，二者的比率应该是相对一致的。如果这个比率与行业概况或目标企业历史经营情况不同，则有必要注意是否是虚增存货的原因。

②存货与企业经营成本之间存在一定的差异。在虚增存货中，公司经常长期维持资产中存货的占比。正常情况下，主营业务成本发生额等于存货的减少额，如果企业在正常经营中，经营成本发生波动，而存货没有同比例进行变动，则有造假的可能性。

③存货周转率与销售增长不相匹配。存货周转率是衡量和评价企业购入存货、投入生产、销售收回等各环节管理状况的综合性指标。

存货周转率＝营业收入/平均存货余额

平均存货余额＝（期初存货＋期末存货）/2

投资者在审阅企业财务报表时，如看到企业存货周转率低，库存周转缓慢，而销售收入在这个时候异常增长，则此处异常情况往往代表虚增存货。正常情况下，存货的去化速度应与企业销售收入的增长呈现正相关，速率应该趋同。

例如，某上市公司2015年营业收入为11亿元，2016年营业收入为14亿元，2017年营业收入猛增至24亿元，2015年存货周转天数为461天，2016年存货周转天数为355天，2017年存货周转天数为290天，库存周转缓慢与销售收入巨幅增长不匹配，由此判断有财务造假的可能性。

（3）虚增固定资产、在建工程、无形资产。

①固定资产增减业务作假。

企业在采购固定资产时，购买价格高，企业采购人员有收取回扣的动机。为了获得回扣，公司的采购人员与经销商勾结，以低质量、高价格购买商品，给企业造成不当损失。

固定资产的原始价值包括购买价格、包装费、保险费、运输费、安装费和税赋。有些企业还记录不属于固定资产价值的相关费用，以增加固定资产的价值。购买需要安装的固定资产，应当将固定资产的购买价格、运输杂费、安装费等列入固定资产的成本。

企业投资的其他固定资产，应当按照合同约定的价值或者经评估确认的价值进行估价。企业或者投资单位的有关人员受贿的，私下约定故意提高或者降低固定资产的价值，造成了固定资产科目的财务造假。

在固定资产清算时，固定资产残值的处理应当抵消固定资产清算费用，将净收益作为非经营性收入处理。企业为了通过固定资产处置栏目虚增利润，在固定资产清算时所产生的净收益仍被挂入固定资产清算账户，并将转入下一年进一步处理。

②通过在建工程增减业务造假。

在建工程的全周期过程中，企业都有可能通过会计核算的方式来调整在建工程科目，以期粉饰报表。

在建工程在交付使用前，不按照会计准则要求将在建工程试用过程中所产生的收入，扣除相关税金，并冲减在建工程成本，从而虚增收入，少计产品成本。

在建工程完工并交付使用后，企业无故长期不办理验收决算，同时将企业的长期负债利息继续计入在建工程成本，而没有计入财务费用。

已交付使用，而尚未办理竣工验收的在建工程，没有按照会计准则要求结转固定资产，仍然继续列示在建工程，没有计提折旧，虚增资产净值，少计产品成本及相关费用。

③初创型及科技型企业在无形资产上进行财务造假的动机更大，对于初创型及科技型企业，无形资产在资产结构中占比远高于其他行业平均水平，研发投入增长快、成果多，企业发明专利权的行业特点明显，这些都是无形资产在企业中的重要体现。

（4）少计提各项减值准备。

按照《企业会计准则第1号——存货》的相关规定，企业应在每期末终了时对资产进行核实，按照可收回金额计存货减值准备。企业在虚构财务报表过程中，存在对存货、无形资产未充分计提减值准备的情况，从而虚增公司利润。

（5）虚增银行存款。

常见的虚增银行存款的路径为：企业通过操纵虚构的个人账户，用自有资金以现金通过存入、取出的方式制造进出资金流，假冒企业收购款和销售回款，伪造银行回单，进而虚增银行存款。

3. 虚减成本、费用和负债

（1）少计、少结转成本。

根据某企业IPO招股说明书中显示，生产主营产品的原材料之一最低标准为45%，然而市场研究机构对该主营产品的拆解成本计算表中，此种原材料占生产成本的比例仅为2.53%。经过该数据推算，其主营产品成本耗用严重不足，具有虚减成本从而虚增利润的嫌疑。此外，根据该企业的IPO招股说明书，其主要产品2011年的销售单价为每吨52000余元，按照36.19%的毛利率计算，营业成本为每吨3000余元，大幅低于某研究室研究计算该同类型产品直接材料的单价每吨3500元（营业成本主要由直接材料、直接人工和制造费用构成）。

（2）前移或后推成本费用期间。

某企业与资产评估机构签订《业务约定书》，约定在该评估机构已对企业资产进行评估提供完成服务时，分期支付中介服务费用，该企业将已支付的中介服务费用记录为预付账款，少计管理费用，多计预付账款。

（3）虚减费用。

如某企业通过账外费用报销方式减免管理费用，某企业通过控股股东借款、担保的账外资金结算企业管理费用。

4. 通过关联方实现自有资金体外循环

某企业利用其私募股权基金转移收入、银行借款、政府补助资金等资金流，用于采购或工程建设，然后通过虚拟增收、虚拟交易等手段汇回资金，实现收入虚增的目的。

例如，某上市公司在员工不知情的情况下，利用员工身份证注册多家空壳公司，通过资金体外循环的方式，按照所需要的财务数据进行编造，以土地款、水利系统工程款等各种名义将资金从上市公司转出，利用控制的关联公司账户流转资金，最终回到该上市公司。

5. 挪用资产

根据《中华人民共和国刑法》第272条规定，挪用资金罪，是指公司、企业或者其他单位的工作人员利用职务上的便利，挪用本单位资金归个人使用或者借贷给他人，数额较大、超过三个月未还的，或者虽未超过三个月，但数额较大、进行营利活动的，或者进行非法活动的行为。

企业也可能存在通过委托等方式，将自有资金转移至非关联机构，再另行挪用。

例如，湖南某上市公司出纳梁某，采取偷盖公司银行印鉴和法人章，使用作废的、没有登记的现金支票等方法，在近5年时间内先后挪用3000余万元用于炒股，给单位造成损失1137.8万余元。长沙市中级人民法院以挪用公款罪和挪用资金罪，判处梁某17年有期徒刑。

6. 商誉计提减值损失

商誉是指能在未来期间为企业经营带来超额利润的潜在经济价值，或一家企业预期的获利能力超过可辨认资产正常获利能力（如社会平均投资回报率）的资本化价值。商誉是企业整体价值的组成部分，在企业合并时，它是购买企业投资成本超过被并企业净资产公允价值的差额。商誉反映了未来较长一段时间的持续经营获取超额收益的能力，可以说每一个并购之后都会产生商誉。

例如，A企业拟收购B企业，B企业净资产为1亿元，本次收购价格为3亿元，B企业在被并购之时，与A企业做出三年业绩对赌，对于A企业财务报表上，本次收购所产生的商誉为2亿元，如在收购之后3年内，B企业没有按照对赌协议完成业绩，对A企业而言则有可能造成较大金额的商誉减值损失。

2018 年 11 月 16 日，证监会发布了《会计监管风险提示第 8 号——商誉减值》，从商誉减值的会计处理及信息披露、商誉减值事项的审计和与商誉减值事项相关的评估三方面，就常见问题和监管关注事项进行说明。

对于财务报表中商誉资产数额较大的企业，投资者应重点详细分析商誉所产生的背景以及可持续性，以此避免企业商誉大规模减值而造成亏损。

（四）财务造假的识别

尽管财务报表造假的手段很多，且具有较强的隐蔽性，但依然可以通过对审计报告的审核、报表之间的勾稽关系、企业基础信息审核以及第三方信息渠道审核等来发现问题，协助我们对财务报表的真实性进行判断。财务造假的识别主要是对企业提供的审计报告、财务报表及其附注、相关原始凭证等资料的正确性和真实性进行识别。

1. 审计报告的审核

对企业提供的审计报告，首先关注审计报告的出具单位、会计师相应资质及审计结论，对于频繁更换会计师事务所的企业，需要重点关注其财务是否造假。审核审计报告中的描述是否支持审计报告的结论，审核审计报告的数字是否正确，审计的逻辑性是否准确。

对于会计师事务所出具保留意见的审计报告，表明该企业个别重要财务会计事项的处理或个别重要会计报表项目的编制不符合《企业会计准则》及国家其他有关财务会计法规的规定。

对于会计师事务所出具否定意见的审计报告，说明审计师认为财务报表整体是不公允的或没有按照适用的会计准则的规定编制。

对于会计师事务所出具无法表示意见的审计报告，说明审计师的审计范围受到了限制，且其可能产生的影响是重大而广泛的，审计师不能获取充分的审计证据。

对于会计师事务所出具标准的无保留意见的审计报告，说明审计师认为被审计者编制的财务报表已按照适用的会计准则的规定编制并在所有重大方面公允反映了被审计者的财务状况、经营成果和现金流量。但是存在需要说明的事项，如对持续经营能力产生重大疑虑及重大不确定事项等。

2. 报表之间的勾稽关系审核

企业资产负债表、现金流量表、利润表作为财务报告的三个组成部分，有着较强的逻辑关联，通过对报表之间的勾稽关系进行审核，可以发现企业财务粉饰的蛛丝马迹。例如，在审计报告连续三年都呈现净利润增长的同时，经营活动产生的净现金流持续入不敷出；企业的销售收入增加，但经营活动产生的现金流入却减少，二者呈现背离的趋势；企业存货增加的同时企业应付账款减少；应收账款的增幅明显高于营业收入的增幅；有贷款但没有相应的利息支出，或企业有利息支出却没有体现贷款；与销售成本相关的记录，如采购、销售、出纳日记账等明显不相勾稽。

上述财务报表科目之间无法进行逻辑吻合，勾稽关系异常，均表明企业存在财务造假的可能。

3. 企业基础信息审核

企业的财务信息作为企业基础信息的一部分，与企业工商信息、税务信息等有较强的关联性，可以通过对企业基础信息的核查，验证企业持续经营稳定性和财务信息的真实性。对于企业在报告期内新增的客户和供应商，首先分析其为法人还是自然人，如是法人，确认其成立时间是否在报告期内，通过工商信息等进一步核查，该供应商与企业之间是否有关联，包括人员、联系方式、办公地址、资金等方面。如是自然人，关注其与企业人员之间是否有关联。通过对企业及其供应商或上下游客户的资质查询，从侧面分析企业是否具备相应的供销能力和运营能力。

尤其需要关注企业设立众多的特殊目的实体，包括子公司、孙公司或有限合伙企业，且资金往来频繁。此种情况有可能存在上文所述通过关联方实现自有资金体外循环等财务造假的情况。

4. 第三方信息审核

由于企业财务造假是企业管理层舞弊，是系统性的造假行为，所以从企业内部往往很难获得关键性的证据，在进行财务审核过程中也往往受到各种阻碍。需要同时从企业外部，如银行、海关、供应商、客户和竞争对手等第三方渠道进行调查，重点从资金流的真实性、贸易的真实性等方面进行佐证。

针对企业现金流较大的情况，可以从银行调取企业对账单，将从银行获得的对账单与企业财务日记账进行对比，核查企业是否存在篡改银行收付款凭证隐瞒资金真实来源和去向的行为。也可以通过对银行业务人员的访谈，了解该企业的财务情况。

（五）财务造假的案例

近年来，证监会相继查处了多起 IPO 财务造假案件。经过研究发现，此类案件财务造假的手法多有相似之处，为使发行人业绩符合IPO发审委审核标准，通过虚构业务的方式虚增收入、资产及利润。

以下分析某上市公司（以下简称为A公司）的实际案例，剖析该上市公司业务发展轨迹以及被监管部门查处财务造假的过程。

A公司的前身是B公司，B公司成立于2007年7月6日，于2009年12月18日A股IPO上市。公司的经营范围为防爆电气及电力变压器制造、维修、技术咨询；备件及原辅材料销售。客户为国有大中型煤矿企业，受宏观经济及下游行业需求放缓、市场竞争更加激烈等因素的影响，2014年公司经营业绩不甚理想，净利润较前期大幅下滑。

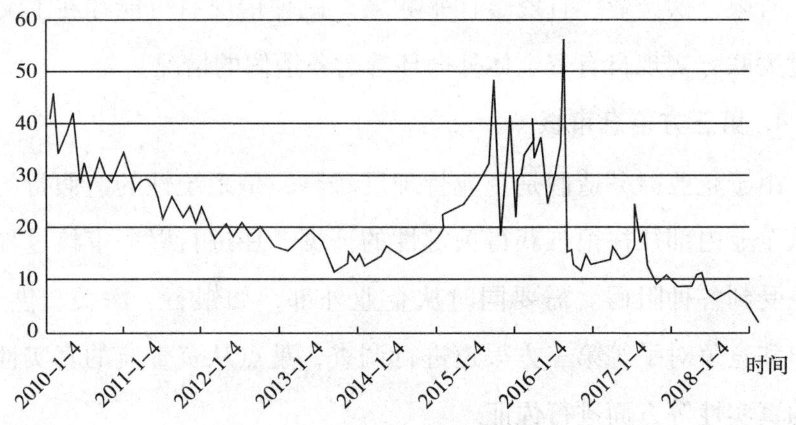

图5-1 A上市公司K线图

表5-6 A上市公司关键事件

发生日期	事件类型	事件摘要
2015-07-23	重大资产重组	2015年7月23日，山东省工商行政管理局核准了A公司的股东变更并签发了变更后的《营业执照》。标的资产过户手续已办理完成，公司已持有A公司100%的股权
2015-08-05	实际控制人变更	实际控制人发生变更，变更前为季某，变更后为陆某

续表

发生日期	事件类型	事件摘要
2017－04－07	立案调查开始	证监会对公司涉嫌信息披露违法行为的立案调查开始
2017－12－16	违规行为公告	因未及时披露公司重大事项，未依法履行其他职责，证监会于2017年12月15日依据相关法规决定给予公开的处罚处分
2018－07－04	暂停上市风险警示	公司自2018年7月6日起，每5个交易日发布一次公司股票可能被暂停上市的风险提示公告
2018－12－01	违规行为公告	因未依法履行其他职责，深圳证券交易所于2018年11月29日依据相关法规决定给予公开批评处分
2018－12－15	违规行为公告	因业绩预测结果不准确或不及时，未依法履行其他职责，深圳证券交易所于2018年12月14日依据相关法规决定给予公开谴责处分

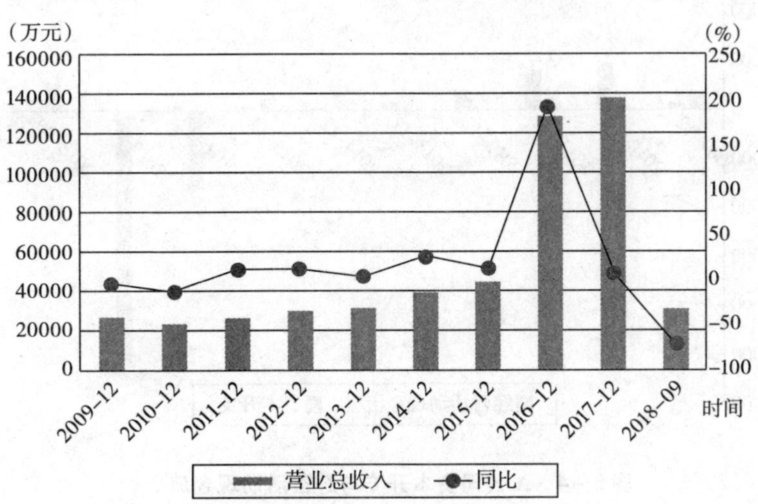

图5－2　A公司营业收入及增长率

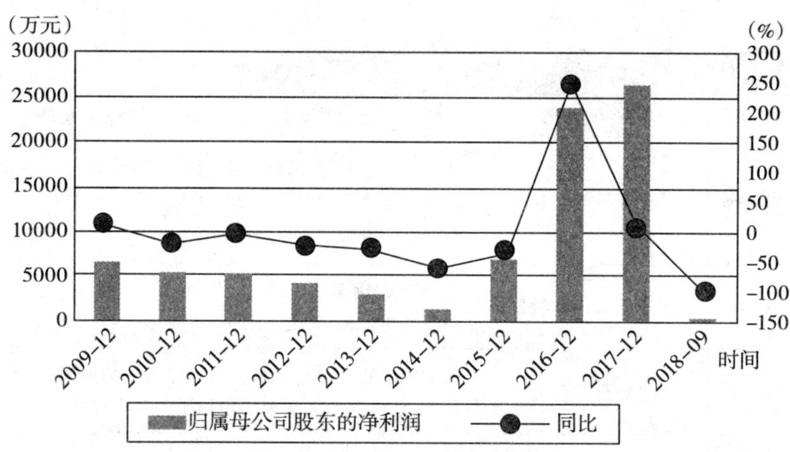

图 5-3　A 公司归属母公司的净利润及增长率

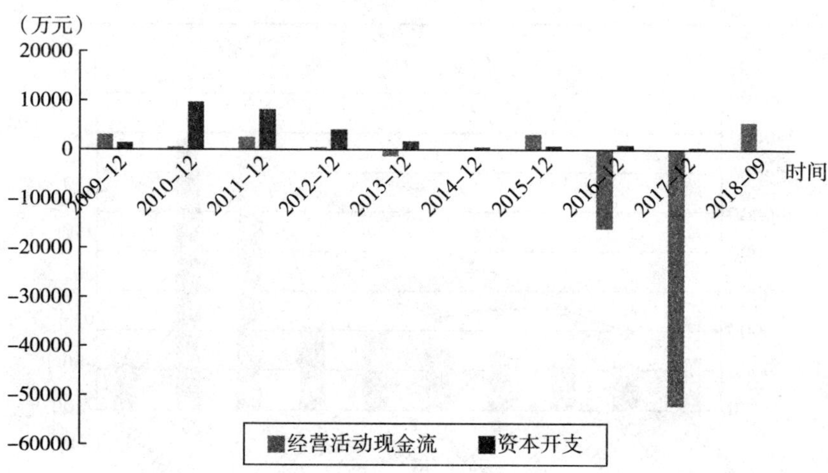

图 5-4　A 公司资本开支与经营活动现金流

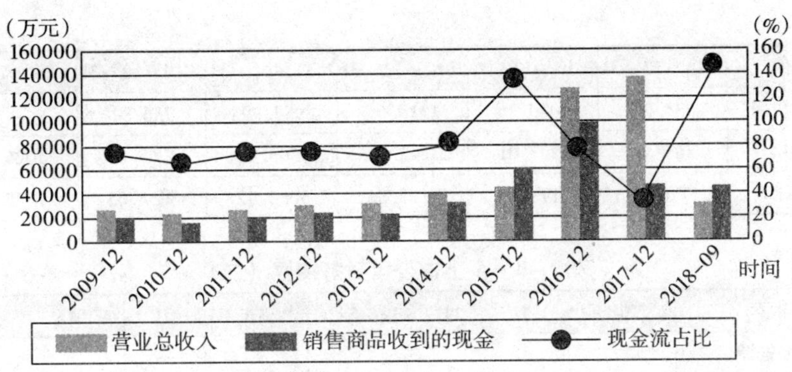

图 5-5 A 公司现金收入比

表 5-7 A 上市公司财务摘要（一）

单位：万元

时间	2014-12-31	2013-12-31	2012-12-31	2011-12-31	2010-12-31	2009-12-31
报告期	年报	年报	年报	年报	年报	年报
数据来源	合并报表	合并报表	合并报表	合并报表	合并报表	合并报表
利润表摘要						
营业总收入	39126.53	31339.34	29879.31	26315.06	23359.22	26667.98
同比（%）	24.85	4.89	13.54	12.65	-12.41	-3.14
营业总成本	38406.53	28523.85	25555.28	20608.53	17191.83	19501.62
营业利润	864.41	2815.49	4324.03	5706.54	6167.39	7166.37
同比（%）	-69.30	-34.89	-24.23	-7.47	-13.94	10.11
利润总额	1501.40	3676.17	4897.64	6152.15	6344.53	7455.19
同比（%）	-59.16	-24.94	-20.39	-3.03	-14.90	12.05
净利润	1255.20	2944.58	4162.42	5229.33	5356.80	6544.52
归属母公司股东的净利润	1255.20	2944.58	4162.42	5229.33	5356.80	6544.52
同比（%）	-57.37	-29.26	-20.40	-2.38	-18.15	12.47
非经常性损益	531.81	730.49	487.57	378.78	150.57	252.72
扣非后归属母公司股东的净利润	723.39	2214.09	3674.85	4850.55	5206.23	6291.80
同比（%）	-67.33	-39.75	-24.24	-6.83	-17.25	10.54

续表

时间	2014 - 12 - 31	2013 - 12 - 31	2012 - 12 - 31	2011 - 12 - 31	2010 - 12 - 31	2009 - 12 - 31
研发费用	935.32	1020.26	1315.65	987.99	756.82	
EBIT	585.53	2297.01	3242.10	4505.92	4768.89	7026.26
EBITDA	2736.80	4170.66	4177.86	5050.92	5058.65	7225.59

表 5 - 8　A 上市公司财务摘要（二）　　单位：万元

时间	2018 - 09 - 30	2017 - 12 - 31	2016 - 12 - 31	2015 - 12 - 31
报告期	三季报	年报	年报	年报
数据来源	合并报表	合并报表	合并报表	合并报表
利润表摘要				
营业总收入	30793.67	137725.66	128528.47	44380.87
同比（%）	-68.23	7.16	189.60	-10.45
营业总成本	30306.16	106429.44	98848.93	36895.37
营业利润	687.51	31293.90	29679.54	7485.50
同比（%）	-96.86	5.44	296.49	-47.34
利润总额	710.48	32322.57	29576.65	8708.16
同比（%）	-96.77	9.28	239.64	-38.78
净利润	324.28	26429.89	23887.49	6932.61
归属母公司股东的净利润	335.40	26409.27	23886.35	6932.61
同比（%）	-98.14	10.56	244.55	-34.53
非经常性损益	163.15	841.53	-111.51	1037.05
扣非后归属母公司股东的净利润	172.24	25567.74	23997.87	5895.56
同比（%）	-98.99	6.54	307.05	-44.45
研发费用	1598.30	3705.10	3752.37	2700.72
EBIT		35180.15	30176.97	7370.44
EBITDA		35886.20	30795.66	7713.60

2015 年 1 月 20 日，该上市公司发布重组预案，公司拟置出原有大部分资产，并通过发行股份方式，实现该公司的借壳上市。重组完

成后，公司主营业务将变更为金属围护系统与分布式光伏发电。重组完成后，公司的控股股东及实际控制人将发生变化。

2015 年 9 月，A 公司以 27 亿元估值借壳 B 公司，并做出业绩承诺：2015 年、2016 年、2017 年扣非净利润不低于 2.55 亿元、3.61 亿元和 4.71 亿元。

2015 年 9 月之后的某天，A 公司董事长道听途说，得知巴基斯坦东部城市木尔坦有一个项目——Multan Metro Bus Project，指示两名财务人员虚构木尔坦“地铁”大单，完成巨额业绩对赌。两名财务人员在董事长授意下伪造巴基斯坦政要的信函，动用 50 个公司、100 个银行账号，地跨 50 个国家（地区），虚构出 5.8 亿元跨国、国内“交易”，通过润色报表，以完成上市时业绩对赌，同时支撑股价。

2016 年，A 公司披露了 2015 年年报，全资子公司与巴基斯坦的首都工程建设有限公司签订《木尔坦地铁公交工程建设工程施工合同》，合同总金额为 3250 万美元，截至 2015 年期末，上述合同工程已全部建造完毕。此项占年销售额 21.8% 的海外工程大单，在“一带一路”倡议的背景下，深得股民喜爱，A 公司股价由 2014 年初的 14.39 元翻炒至 57 元，市值由 87 亿元飙升至 112 亿元。

与此同时，质疑接踵而至，有人指出在 2015 年巴基斯坦境内只有拉合尔市规划建设地铁。然后 2017 年 5 月，有人实名举报 A 公司虚构参与了位于巴基斯坦木尔坦的地铁公交工程建设。

2017 年 4 月 6 日，证监会对 A 公司涉嫌信息披露违法违规等行为进行立案调查。经调查，A 公司在 2015 年年报中虚增当期营业收入及利润。调查发现，A公司根本就没有参与巴基斯坦木尔坦的地铁公交工程的建设，只是找了海外的一家公司伪造了一份虚假的工程建设合同，但是这个合同根本就没有履行。A公司的回款主要来源于A公司本身控制的公司，还有其他一些中国境内的公司，没有任何从巴基斯坦归集的销售回款。证监会曾经要求A公司及相关中介机构前往木尔坦核实该项目，但A公司相关人员根本没有去过巴基斯坦木尔坦市，A公司提供的施工现场照片都是假的。根据《行政执法机关移送涉嫌犯罪案件的规定》及有关规定，证监会已将该案移送公安机关。

2017年12月14日，证监会依法对A公司及相关人员涉嫌违反证券法律法规案做出行政处罚和市场禁入决定。A公司为了实现重组上市业绩的承诺，2015年至2016年9月通过虚构境外工程项目、虚构国内及出口建筑材料贸易、伪造工程合同和销售回款等方式虚增营业收入合计约5.8亿元，虚增利润约2.6亿元。其中2015年虚增利润2.3亿元，占当期披露利润总额的73%。证监会认为，上述行为涉嫌构成违规披露、不披露重要信息罪。

2018年7月4日，A公司收到了深圳证券交易所发来的《关于通报A公司涉嫌犯罪案被证监会移送公安机关的函》，公司因涉嫌构成违规披露、不披露重要信息罪，已于近日被证监会移送公安机关。公司已于2018年7月5日在证监会指定信息披露网站进行了披露。

2018年11月16日，深圳证券交易所发布《关于发布〈深圳证券交易所股票上市规则（2018年11月修订）〉〈深圳证券交易所创业板股票上市规则（2018年11月修订）〉〈深圳证券交易所上市公司重大违法强制退市实施办法〉〈深圳证券交易所退市公司重新上市实施办法（2018 年修订）〉的通知》（以下简称“通知”），A 公司继续维持停牌状态，待人民法院对 A 公司做出有罪裁判且生效后，再依据新规判断是否构成重大违法强制退市情形。

（六）人工智能技术在财务分析及财务造假鉴别中的应用展望

传统的财务分析是以财务报表资料及会计核算方法为基础，构建全面的财务分析价值体系，采用专门的分析方法和技术，对企业财务数据进行分析提炼，从而对企业经营情况进行分析，为企业未来发展提供决策判断依据。

大数据及人工智能技术在财务分析、财务造假鉴别中的应用，可重点突出事前有预测、事中有控制、事后有评价，利用大数据及人工智能技术可提高财务分析效率和系统性，贯穿财务分析全业务体系。

1. 事前预测

根据财务分析的需求，结合企业实际情况及发展战略，构建关键指标体系。运用人工智能技术，可参考目前已有的成熟财务分析指标体系，如杜邦财务分析方法，结合盈利能力与收益质量指标、资本结构与偿债能力指标、营运能力指标、成长能力指标、现金流量指标、行业平均财务水平指标等，建立标准化、流程化的工具和模型，设定不同的变量，输出指标结果，以确定财务分析的定量化。

同时，应用大数据及人工智能技术构建关于企业情况分析全面图景，包括企业概况（工商信息、主要人员、股东信息、变更记录），关系企业（股东、对外投资企业、供应商、客户、担保人、对外担保

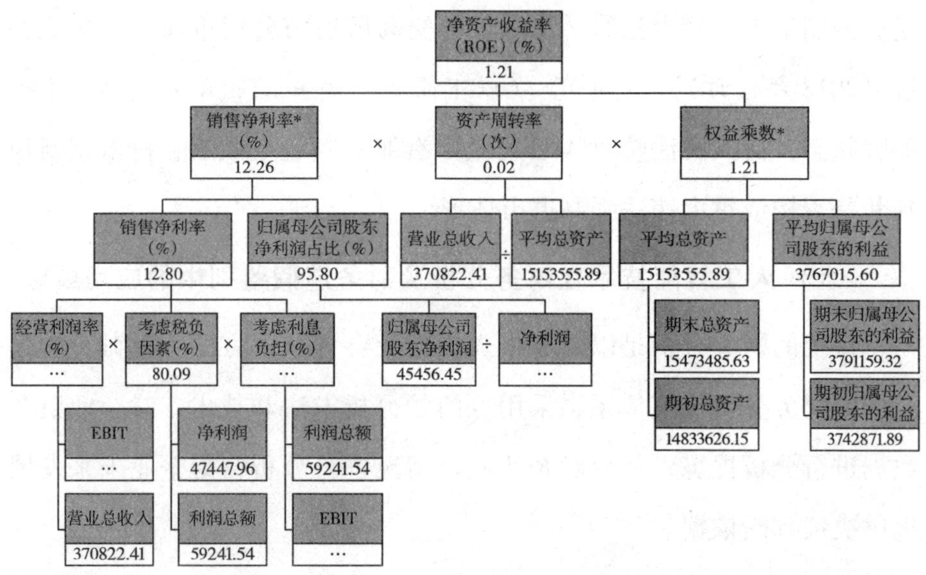

图 5－6　杜邦分析指标

企业、分支机构、关键企业)，企业融资（债券融资、股权融资、银行授信)，经营预警（担保、股权出质、动产抵押、欠税公告)，司法诉讼（法律诉讼、法院公告、司法冻结、被执行人)，诚信档案（目标企业、实际控制人、高管、股东、参控股公司)，评级记录（信用评级、税务评级)，新闻舆情（目标企业或关联企业是否有负面新闻)。

2. 事中控制

在财务分析过程中，定期对数据进行更新或者跟踪，关注指标变动情况，设置关键指标预警功能，加强关注和管控力度，及时对投资决策进行修正完善。

3. 事后评价

利用人工智能技术由系统自动对财务分析结果定期形成报告，对出现异动的情况深入挖掘背后的因素，通过剖析原因找到关键驱动因素，不断完善评价体系。

传统的财务分析方法有着一定的优势和基础，而现在的人工智能系统可以构建多维的因子，如企业相关的经营数据、相关企业信息、企业融资信息、经营预警信息、司法诉讼信息、诚信档案信息、评级记录信息，结合外部的舆情分析、相关行业指数，最终形成企业的财务分析全图景，再加上动态趋势，如通过市场情况综合判断企业所属行业财务动态，在此基础上，再建立估值模型，通过模型为财务分析提供决策依据。

四、大数据及人工智能技术在风控中的应用

2016年在IT领域最热门的事件，莫过于3月9日至15日在韩国首尔举行的一场人机大战比赛了——谷歌机器人AlphaGo对战韩国天才围棋高手李世石。比赛结果众所周知，机器人AlphaGo以4∶1的绝对优势轻松获胜。此事件带给大家的不仅仅是惊讶，更在于它意味着一个人工智能时代的到来。随之，人工智能及其相关的大数据技术更广泛地被世人熟知。其实，早在2011年，谷歌公司就实施了“谷歌大脑”项目，以充分利用其在大数据及人工智能等方面庞大的技术与人力资源优势。而在国内，企业方面也陆续出现了腾讯“超级大脑”“百度大脑”“京东大脑”“阿里城市大脑”等利用大数据、人工智能相关技术的应用。

2015年8月31日，国务院印发了《促进大数据发展行动纲要》；

2017 年 7 月 20 日，国务院印发了《新一代人工智能发展规划》。前后不到两年的时间里，我国将大数据与人工智能技术上升到国家战略高度，明确要大力推动大数据及人工智能技术的发展和应用。特别是在政府《新一代人工智能发展规划》中，明确指出要在智能金融方面，建立金融大数据系统，提升金融多媒体数据处理与理解能力，创新智能金融产品和服务，发展金融新业态。事实上，金融行业因与数据间的高度相关性，成为最先与大数据、人工智能相融合的行业之一，金融机构也在加快大数据及人工智能技术的相关应用，如美国的花旗银行、中国农业银行及中信证券等金融公司均在探索搭建相应的智能金融大脑或智能化平台，金融行业也正跨入金融与科技相结合的新阶段——智能金融。

智能金融不仅是一个新颖的概念，而且可以应用到金融行业的各个方面，基于大数据及人工智能等技术应用的智能风控就是其主要的应用场景之一。

风险是指未来某事件的不确定性，所以风险管理也是对于未来事件不确定性的管理。通过使用大数据和人工智能技术，帮助实现复杂场景下的数据挖掘和关联，可以发现很多使用传统手段发现不了的潜在风险、漏洞、隐患，降低不确定性，从而协助投资者提升其精准的投资决策能力，达到减少损失或创造收益的目的。

大数据就好比人的血肉，人工智能是人的心脏和大脑。智能风控充分利用大数据及人工智能算法、算力，能更加精准、高效地提升金融行业风控能力，使金融行业的风控能力发生质的蜕变，促进金融行业不断创新金融产品和服务，其应用主要表现在两方面：反欺诈与信用风险评估。下面详细介绍这两个方面的应用。

1. 反欺诈

在美国，欺诈风险事件约占信用风险事件的1/5，而中国则完全相反，欺诈风险事件约为信用风险事件的5倍。在中国，网络黑灰产活动肆虐，身份冒用、黑户、养号、撞库、“伪基站”、黑中介等欺诈事件屡见不鲜，这类欺诈活动已经渗透到金融营销、借贷、支付等金融行业各个重要环节。2018年南都大数据研究院、南都新业态法治研究中心联合阿里巴巴集团安全部发布了《2018网络黑灰产治理研究报告》（以下简称《报告》）。该报告指出，从2015年开始，互联网黑灰产业从业人员就已经超过40万人，黑灰产早已达千亿元规模，专业黑灰产平台多达数百个。同时，网络黑灰产业存在犯罪手法不断升级，产业化、技术平民化，从业人员日趋精细化、年轻化等特征，其所带来的安全挑战愈加严峻。面对如此严峻的网络风险环境，大数据及人工智能技术被应用到金融风控领域，使金融与科技的结合日渐紧密。有人说过，当你解决一个别人不能或难以解决的问题时，你就是在创新。例如，PayPal的产生，正是为解决传统银行无法解决的网络欺诈等问题而诞生的。

欺诈，是指以使人产生错误认识为目的的故意行为。在金融活动中，反欺诈就是识别那些欺诈行为，对包含交易诈骗、网络诈骗、电话诈骗、盗卡盗号等欺诈行为进行识别，并采取相应的针对措施，做到防患于未然。大数据及人工智能技术帮助实现了困难场景下的数据分析、挖掘和关联，支持随时更新、保存及获取客户信息和交易记录，使金融机构能更好地、更高效地、更精准地达到“认识你的客户”（Know Your Customer，KYC）的目的，实时监测异常客户的交易行为，发现用户欺诈行为。

反欺诈常见手段及应用场景有：（1）通过人—账号—设备等关联，识别设备异常、高危账号；（2）通过人脸识别、指纹识别等生物特征验证用户身份，保护用户的重要交易；（3）通过多头防控识别用户共债行为；（4）通过构建欺诈关联图谱，实时打击团伙欺诈等。

2. 信用风险评估

金融机构进行信用风险评估，传统上主要采用5C要素分析法，即对借款人的品德（Character）、经营能力（Capacity）、资本（Capital）、抵押（Collateral）和经营环境（Condition）等5个方面进行全面的定性分析以判别借款人的还款意愿和还款能力，是一种专家判断分析方法。在进行授信审批过程中，客户经理会要求客户授权放贷机构调取客户的中国人民银行（以下简称“央行”）征信报告，并交由有经验的信审人员（业务专家）进行审批。

基于专家的判别分析方法简单易行，缺点就是具有片面性，易受专家个人经验等主观因素的影响。当前，主流的则是一种结合评分卡模型和规则策略等进行综合信用风险评分的评估方法。评分卡模型本质上是一种基于数据驱动的统计方法，集合了决策树（Decision Tree）、判别分析（Discriminant Analysis）、逻辑回归（Logistic regression）等机器学习算法，其主要优点有：能更准确地识别和计量业务信用风险；可为风险管理提供科学的决策依据；能够提高审批效率；能更有效地实现风险监控；减少人工决策的偏差，实现标准化等。上述评分卡模型比较适合于客户有央行征信记录的场景。

根据中国人民银行数据显示，截至2019年4月22日，个人征信系统已采集9.9亿自然人，其中有近一半人口无人行征信记录。对于无央行征信记录的用户，则可以通过对用户生物特征信息及用户交易、社交、电商、地理位置、公检法等用户行为数据构建的大数据，运用梯度提升树（Gradient Boosting Decison Tree，GBDT）、随机森林（Random Forest）或人工神经网络（Artificial Neural Network，ANN）等先进的机器学习算法和分布式计算构建的人工智能技术对大数据中的成千上万个变量进行加工处理，评估判断用户的还款意愿和还款能力。此种评估方法使用到的算法相对复杂，运用到的变量较多，准确度较高，因变量与目标变量之间呈现的是一种弱相关性，可以有效解决无央行征信记录用户的信用风险评估问题。这种更多维度、更多特征的信用评估方法，可作为评分卡模型评估方式的有效补充，并且随着移动互联网的普及，将极大地推动普惠金融发展。

无论是防范识别欺诈风险还是进行信用风险评估，都可以结合算法模型和规则策略进行综合决策。规则策略可以是国家法律法规、金融机构内部的规章制度、具体的产品政策、内外部黑灰名单，以及其他由内外部大数据挖掘出来的指标及指标组合的规则模型等，表5－8列出了适用于信用贷款产品的部分反欺诈及信用风险评估的规则模型。

表 5-8 风控中的规则模型

序号	规则描述	适用场景
1	年龄 <18 岁或 年龄 + 贷款期限 >65 岁（男）/60 岁（女）	信用风险评估
2	身份证到期日 < 贷款申请日	信用风险评估
3	在某平台贷款存在逾期	信用风险评估
4	申请人在黑名单客户中	反欺诈
5	年龄与教育程度不符（年龄小于 20 岁，学历为硕士及以上）	反欺诈
6	电话号码在欺诈黑名单库中（个人电话、家庭电话、公司电话）	反欺诈

对于算法模型，这里分别介绍一下逻辑回归算法在信用风险评估中的应用及人工神经网络算法在反欺诈中的应用。

（1）逻辑回归算法在信用风险评估中的应用。

逻辑回归模型（Logistic Regression，LR），是基于线性回归的有监督的机器学习模型，适合二分类问题。

线性回归模型为

$$Z = \beta_0 + \beta_1 X_1 + \beta_2 X_2 + \cdots + \beta_n X_n = \log(odd) \qquad (5-1)$$

其中，X_i 变量为自变量，可以是用户的学历、性别、职业等人口统计变量，也可以是账户账龄、逾期金额、交易金额、交易频率、期限、收入、拥有的资产负债情况等用户数据及其构成的衍生变量等。β_i 是回归方程的系数，可通过逻辑回归模型训练得出。

在进行模型训练前，需要对训练集数据进行分析，其中重要的一项是要评估借款人是好客户还是坏客户或一笔借据是否违约，式(5-1)中的 odd 即为非违约概率 $1-p$（好客户数）与违约概率 p（坏客户数）的比值，对应式（5-2）为

$$odd = \frac{1-p}{p} \qquad (5-2)$$

线性回归函数目标值的值域为（$-\infty, +\infty$），通过逻辑回归进行归一化，逻辑回归模型如下：

$$y = \frac{1}{1 + e^{-Z}} \quad (5-3)$$

其中 y 是目标变量，$y \in (0,1)$。对一笔借据来说，违约时 $y = 1$，未违约时 $y = 0$。

为了最终量化评分，引入评分卡函数，如下：

$$Score = A + B\log(odd) \quad (5-4)$$

其中，A，B 都是方程的系数，可通过定义基准分、基准分时的好坏客户比例 odd 及比例翻倍时评分的增量来算出，如设定基准分 600 分时 odd 为 20，odd 翻倍为 40 时增加 50 分，可得到如下两个等式：

等式一：$600 = A + B \times \log 20$

等式二：$650 = A + B \times \log 40$

通过上述两个等式，可计算出系数 A，B 的值。

因此，可得出完整的基于逻辑回归的评分卡模型：

$$Score = A + B \times (\beta_0 + \beta_1 X_1 + \beta_2 X_2 + \cdots + \beta_n X_n) \quad (5-5)$$

总结逻辑回归模型特点，因变量（x 变量）与目标变量（y 变量）之间呈现的是一种线性因果关系，使用变量少、有较高的可解释性，算法不复杂，迭代速度快，缺点是分类精度可能不高。

（2）人工神经网络算法在反欺诈中的应用。

人工神经网络算法，也称“神经网络”算法，由大量的神经元（节点）之间相互联接构成，每个神经元代表一种输出函数（激活函数），神经元间的连线称为权重。神经网络由输入层、隐藏层及输出层组成，层与层之间的神经元完全连接，如图 5 - 7 所示。

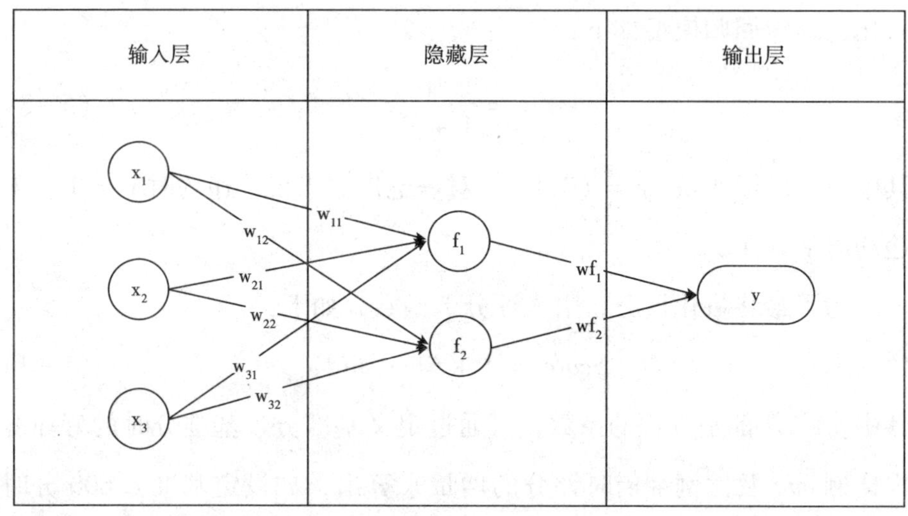

图 5 - 7　人工神经网络示意

神经网络中的隐藏层可以是多层，层数越多，网络越复杂，模型表达能力越强。图 1 中隐藏层仅有一层，以便简化推导过程。

常用的激活函数有 sigmoid 函数、tanh 函数及 ReLU 函数。为了便于理解，本书使用的激活函数为 sigmoid 函数，即在信用风险评估中逻辑回归模型使用到的函数，参见式（5 - 3）。为此，可得出图 5 - 7 中隐藏层神经元 f_1 ，f_2 的计算公式，如下：

$$f_1 = \frac{1}{1 + e^{-(w_{11} * x_1 + w_{21} * x_2 + w_{31} * x_3 + b_1)}}$$

$$f_2 = \frac{1}{1 + e^{-(w_{12} * x_1 + w_{22} * x_2 + w_{32} * x_3 + b_2)}}$$

从而，最终的输出层节点 y 的计算公式为

$$y = \frac{1}{1 + e^{-(w_{f_1} * f_1 + w_{f_2} * f_2 + b_3)}}$$

很显然，通过使用激活函数，对 y 值输出进行了归一化。

神经网络算法如今已有几十种，在反欺诈中使用较多的是反向传播神经网络（Back Propagation Neural Network，BPNN），即在图 5 - 7 中网络增加反馈，因为在进行神经网络训练时，输出值与实际目标值往往存在偏差，通过将偏差逐层往前传导，不断调整节点间的权值，可使最终训练出的神经网络模型达到最优。

“神经网络”算法应用于反欺诈中，输入变量 x_1 ，x_2 ，…，x_n 为用户交易时间、交易频率、交易金额、设备地址、手机号等，输出变量 y 即目标变量，对于一笔交易来说，欺诈交易时 $y = 1$ ，正常交易时 $y = 0$ 。

“神经网络”算法可以应用在多种场中，如可用于信用风险评估中。神经网络算法的优缺点刚好与逻辑回归算法相反，优点是支持成千上万的输入变量、非线性、具有更强的自学习能力，缺点是结构较复杂、训练时间长、可解释性比较差等。

参考文献

[1]Dean, J. and S. Ghemawat, MapReduce: simplified data processing on large clusters[J]. *Communications of the ACM*, 2008,51(1):107 – 113.

[2]Zaharia, M., et al., Spark: cluster computing with working sets, in Proceedings of the 2nd USENIX conference on Hot topics in cloud computing2010[C]. USENIX Association: Boston,2010:10 – 10.

[3]Yang, W., et al. Big data real – time processing based on storm. in 2013 12th IEEE International Conference on Trust, Security and Privacy in Computing and Communications[C]. IEEE,2013.

[4]Zhou, G., et al. Deep interest network for click – through rate prediction. in Proceedings of the 24th ACM SIGKDD International Conference on Knowledge Discovery & Data Mining[C]. ACM,2018.

[5]Jain, A. K., Data clustering: 50 years beyond K – means [J]. *Pattern recognition letters*,2010,31(8):651 – 666.

[6] Hecht – Nielsen. Theory of the backpropagation neural network [R]. in International Joint Conference on Neural Networks,2002.

[7]Hinton, G. E. and R. R. Salakhutdinov. Reducing the dimensionality of data with neural networks[J]. Science, 2006,313(5786):504 – 507.

[8]LeCun, Y., Y. Bengio, and G. Hinton. Deep learning[J]. *Nature*,

2015,521(7553):436.

[9]Cai, G. and B. Xia, Convolutional neural networks for multimedia sentiment analysis, in Natural Language Processing and Chinese Computing Springer. 2015:159 - 167.

[10]Zeiler, M. D. and R. Fergus. Visualizing and understanding convolutional networks. in European conference on computer vision. Springer. 2014.

[11]Hakkani - Tür, D. , et al. Multi - Domain Joint Semantic Frame Parsing Using Bi - Directional RNN - LSTM. in Interspeech. 2016.

[12] Hochreiter, S. and J. Schmidhuber, Long short - term memory [J]. *Neural computation*, 1997. 9(8):1735 - 1780.

[13]Tanaka, A. and A. Tomiya, Detection of phase transition via convolutional neural networks [J]. *Journal of the Physical Society of Japan*, 2017,86(6):063001.

[14]Chiu, J. P. and E. Nichols. Named entity recognition with bidirectional LSTM - CNNs. Transactions of the Association for Computational Linguistics, 2016,4:357 - 370.

[15]Goodfellow, I. , et al. Generative adversarial nets. in Advances in neural information processing systems,2014.

[16]Mnih, V. , et al. , Human - level control through deep reinforcement learning[J]. *Nature*, 2015,518(7540): 529.

[17]Finding and evaluating community structure in networks(Newman

and Girvan).

[18] Fast algorithm for detecting community structure in networks (Newman).

[19] Hongyan Liu, Hui Yang, Wenbo Li, Wei Wei, Jun He, Xiaoyong Du: CRO: a system for online review structurization. KDD 2008: 1085 - 1088.

[20] Rise and fall of Chicago icon: 132 years of Sears.

[21] Business analysis for Walmart - converted.

[22] Once nation's top retailer, Sears files for bankruptcy. A timeline of its rise and fall.

[23] Turnaround of Sears Holdings - converted.

[24] comparative analysis of major US retailers - converted.

[25] Canada's independent news source for the accounting profession.

[26] Top 4 Reasons Sears Could File Chapter 11 Bankruptcy in 2018.

[27] etailers at risk of bankruptcy in 2018.

[28] Yes, Sears is likely to collapse, but its biggest stakeholder will be just fine.

[29] This is the one retail category that doesn't have too many stores.

[30] urprising Facts About Sears, Which Just Declared Bankruptcy.

[31] WalMart versus Kmart Diverging Paths.

[32] Kmart bankruptcy case study(1) - converted.

[33] Unequal Competition Among Chains of Supercenters(1) - conver-

ted.

[34]Turn around of Sears Holdings.

[35]Analysis: Sears is broken operationally and financially.

[36]Can Restructuring Sears Fix a Catalog of Problems?.

[37]Sears: Get Out Whilst You Still Can.

[38]How vulture capitalists ate Sears.

[39]Is Sears Holdings Corporation's (NASDAQ:SHLD) Cash Outlook Optimistic?.

[40]Edward Lampert's Non-Strategy to Save Sears.

[41]What This Analyst Expects To Happen With A Sears Bankruptcy.

[42]Sears Holdings Corporation PESTEL & Environment Analysis.

[43]Analysis: Sears has failed on every facet of retailing.

[44]SEARS:Credit risk analysis.

[45]Walmart analysis - retailing aspect.

[46]A Tale of Two Retailers.

[47]Is Amazon responsible for Sears bankruptcy?.

[48]Would Walmart kill Kmart Why the U. S. juggernaut's arrival in Australia could spell the end for the discount retail chain.

[49]Even WalMart founder learned from Kmart.

[50]Kmart Vs. WalMart A Study in Supply Chain Approaches.

[51]KmartVsWalmart comparison.

[52]The Stylish History of American Retail Stores.

[53]Top 10 Oldest U. S. etailers.

[54]Retail Innovations in American Economic History.

[55]Why Sears Will Go Bankrupt – converted.

[56]Sears: Death by Debt.

[57]Sears Competition, Complementarities, and the Problem of Wasting Assets – converted.

[58]A Comparative Analysls of Major Us Retailers Based on Enterprise Marketing Efficiency.

[59]From $11 Billion To Bankrupt – 6 Reasons Sears Lost it All.

[60]Inside Sears'death spiral How an iconic American brand has been driven to the edge of bankruptcy.

[61]Sears Has Only Itself to Blame for Its Decline.

[62]How Sears'Bankruptcy Filing Affects Consumers.

[63]Sears Timeline the rise and fall of a retail titan.

[64]THE FUTURE OF EMPLOYMENT: HOW SUSCEPTIBLE ARE JOBS TO COMPUTERISATION ? Carl Benedikt Frey and Michael A. OsborneSeptember 17,2013

[65]中华人民共和国国务院.促进大数据发展行动纲要. 2015,32(3):51 –58.

[66]中国电子标准化技术研究院.中国《人工智能标准化白皮书2018》发布[J]. 智能建筑, 2018,210(02):13.

[67]中国政府网, 国务院.印发《新一代人工智能发展规划》[J].

广播电视信息, 2017(8):8－8.

[68]证监会官网,http://www.csrc.gov.cn/pub/newsite/

[69]上海证券交易所官网,http://www.sse.com.cn/

[70]深圳证券交易所官网,http://www.sse.com.cn/

[71]中国注册会计师协会,http://www.cicpa.org.cn/

[72]中国财政部会计准则实施,http://kjs.mof.gov.cn/zhuantilanmu/kuaijizhuanzeshishi/

[73]李赟妮.神经网络模型在银行互联网金融反欺诈中的应用探索[J].信息化论坛,2018,(8).

[74]陈俊清.神经网络模型在互联网金融反欺诈的研究与实践[J].中国金融电脑,2016,(8).

[75]百度金融与埃森哲.与AI共进,智胜未来[R].智能金融联合报告,2018.1.

[76][美] 林奇,[美] 罗瑟查尔德著.彼得·林奇的成功投资[M].刘建位,徐晓杰译,北京:机械工业出版社.

[77]克劳迪娅·纪斯伯格.私募股权案例[M].北京:清华大学出版社.

[78][美]杰拉尔德·E.平托股权估值:原理、方法与案例[M].刘醒云译.北京:机械工业出版社.

[79]路跃兵,杨幸鑫.私募股权LP:配置策略、投资实践与管理之道北京:中信出版社.

[80][美]彼得·考夫曼编.穷查理宝典[M].李继宏译.北京:中信

出版集团.

[81]邱国鹭. 投资中最简单的事[M]. 北京:中国人民大学出版社.

[82]邱国鹭,邓晓峰,卓利伟. 投资中不简单的事[M]. 成都:四川人民出版社.

[83]大卫·F. 史文森. 机构投资的创新之路[M]. 张磊,杨巧智,梁宇峰,张惠娜,杨娜译,北京:中国人民大学出版社.

[84]李俭编. 法律尽职调查完全手册[M]. 北京:法律出版社.

[85]关于修改《首次公开发行股票并上市管理办法》的决定(证监会令第122号),2015-12-30.

[86]关于修改《首次公开发行股票并在创业板上市管理办法》的决定(证监会令第142号),2018-06-06.

[87]关于修改《关于改革完善并严格实施上市公司退市制度的若干意见》的决定(证监会令第146号),2018-07-27.

[88]上海证券交易所股票上市规则(2018年11月修订)(上证发〔2018〕97号),2018-11-16.

[89]深圳证券交易所股票上市规则(2018年11月修订)(深圳上〔2018〕556号),2018-11-16.

[90]审计技术提示第1号——财务欺诈风险(会协〔2002〕203号).

[91]财务报表审计中与舞弊相关的责任(中国注册会计师审计准则第1141号),2010年11月1日修订.

[92]中华人民共和国证券法.

[93]中华人民共和国公司法.

[94]中国证监会网站,http://www.csrc.gov.cn/pub/newsite/.

[95]上海证券交易所网站,http://www.sse.com.cn/.

[96]深圳证券交易所网站,http://www.szse.cn/.

[97]企业会计准则第14号-收入.

[98]中华人民共和国刑法.

[99]会计监管风险提示第8号——商誉减值.

[100]中国注册会计师协会,http://www.cicpa.org.cn/.

[101]中国财政部会计准则实施,http://kjs.mof.gov.cn/zhuantilanmu/kuaijizhuanzeshishi/.

[102]中国证券投资基金业协会.私募投资基金非上市股权投资估值指引(试行),2018-03.

[103]边永辉.上市公司关联交易审计探析[D].南昌:江西财经大学,2013.

[104]陈晓刚.上市公司收入舞弊分析及审计对策研究[J].中国注册会计师,2014(10).

[105]陈中江.财务尽职调查研究[J].会计师,2012(4).

[106]中国资产评估协会编.资产评估基础[M].北京:中国财政经济出版社.

[107]郭威 李宝林,私募股权基金:特点、发展与前景,《金融市场研究》,2018.10 VOL.77

[108]王磊,我国私募股权投资的融资研究——基于中美比较的视

角，西北大学博士学位论文

[108]汤翔，美国私募股权基金发展的启示，《金融观察》2008年10月号

部分参考资料来源于维基百科、纳斯达克官网、西尔斯官网、《纽约时报》、路透社、格隆汇、《华尔街日报》、商业内幕（BusinessInsider）、经济日报—财经早餐、腾讯科技、环球网、央视财经等

常用工具：

Python 包

1. sklearn	传统机器学习模型的工具包，集成了很多特征工程、机器学习函数。
2. Keras	深度学习工具包。
3. nltk	自然语言处理工具包。
4. Pandas	数据处理工具包。
5. MRjobs	Python 里的 MapReduce 程序包。
6. Kiwi	新西兰出品的机器学习工具，支持图形化操作。